Emotionale Verordnung Fähigkeiten für Teenager

30+AKTIVITÄTEN, UM IHRE NEGATIVEN GEDANKEN ZU BESIEGEN, EMOTIONEN UND AGGRESSIVES VERHALTEN ZU BEWÄLTIGEN. VERBESSERN SIE IHRE BEWÄLTIGUNG FÄHIGKEITEN DURCH KOGNITIVE VERHALTENSTHERAPIE UND DIALEKTISCHE VERHALTENSTHERAPIE

BIS

MARY J.

SERENE Publications

Rechtlicher Hinweis

Hinweis zum Haftungsausschluss

Über den Autor

Mary J. ist eine bekannte dialektische und kognitive Verhaltenstherapeutin und Spezialistin für psychische Gesundheit. Ihre Arbeiten konzentrieren sich auf den Einsatz von DIALEKTISCHE VERHALTENSTHERAPIE, und CBT-Techniken, um Menschen zu unterstützen. Sie versteht vollkommen, dass Teenager ihre Emotionen kontrollieren und daran arbeiten können, ihr langfristiges Wohlbefinden zu erhalten. Sie hat mehrere Bücher für Jugendliche geschrieben. "Emotionale Verordnung Fähigkeiten für Teenager" ist eines ihrer besten Jugendbücher.

INHALTSVERZEICHNIS

Einleitung

Vielleicht hast du dich in letzter Zeit sehr niedergeschlagen gefühlt, du hast beobachtet, dass du leicht wütend wirst, oder du hast festgestellt, dass du dich in letzter Zeit nervös fühlst. Das Hauptziel dieses Buches ist es, Ihnen beizubringen, wie Sie Ihre Emotionen als Teenager kontrollieren können, damit Sie nicht zulassen, dass sie ihre Handlungen bestimmen und Fehler machen, die Sie später bereuen werden. Teenagerjahre sind eine Herausforderung.

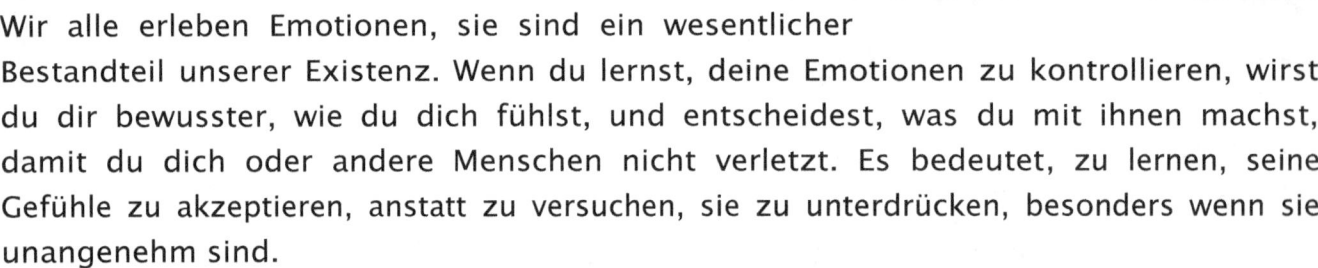

Wir alle erleben Emotionen, sie sind ein wesentlicher Bestandteil unserer Existenz. Wenn du lernst, deine Emotionen zu kontrollieren, wirst du dir bewusster, wie du dich fühlst, und entscheidest, was du mit ihnen machst, damit du dich oder andere Menschen nicht verletzt. Es bedeutet, zu lernen, seine Gefühle zu akzeptieren, anstatt zu versuchen, sie zu unterdrücken, besonders wenn sie unangenehm sind.

Überlegen Sie, wie Sie jetzt mit Ihren Emotionen umgehen. Erlaubst du dir, sie zu fühlen? Schlagen Sie häufig auf diejenigen ein, die Ihnen wichtig sind, wenn Sie in Qualen sind und sich nicht sicher sind, wie Sie sich besser fühlen können? Oder vielleicht versuchst du, deine Emotionen zu verbergen und andere davon abzuhalten, zu erkennen, wie verletzt du innerlich bist, indem du Humor verwendest.

Alle Methoden, die du anwendest, um zu versuchen, deine Emotionen zu unterdrücken oder zu lernen, mit deinen Gefühlen umzugehen, sind zweifellos wirkungslos. In diesem Buch lernen Sie die Techniken, die Sie benötigen, um Ihre Emotionen auf gesunde Weise zu regulieren. Sie werden feststellen, dass Sie sich besser fühlen und dass Ihre Beziehungen reibungsloser verlaufen, wenn Sie das können.

Wenn du dein Leben selbst in die Hand nimmst, wirst du in der Lage sein, ein gesünderes und glücklicheres Leben zu führen. Dr. Marsha Linehan entwickelte 1993 die dialektische Verhaltenstherapie. Sie entwickelte diese Therapie, um denjenigen zu helfen, die große Probleme mit der Emotionsregulation hatten. Menschen mit dieser Art von emotionalen Problemen verletzen sich häufig selbst körperlich oder zeigen zumindest Verhaltensweisen, die ihr Leben tatsächlich verschlechtern.

In diesem Buch lernen Sie die Techniken der KVT und der dialektische Verhaltenstherapie kennen, um sich selbst dabei zu helfen, ein gesünderes, weniger stressiges Leben zu führen. Sie erwerben entscheidendes Wissen über Ihre Emotionen, das es Ihnen ermöglicht, besser mit ihnen umzugehen und die positiven Emotionen in Ihrem Leben zu verstärken. Ihre Fähigkeit, mit Stress umzugehen, wird es Ihnen ermöglichen, die Dinge nicht noch schlimmer zu machen und bessere Verbindungen zu anderen aufzubauen.

Jeder kennt die Idee, dass Inspiration zum Handeln anregt. Das Gegenteil ist der Fall, wenn Sie depressiv sind: Motivation kommt vom Handeln. Oder anders ausgedrückt: Motivation und Handeln gehen Hand in Hand wie Essen und Hunger. Du isst, weil du hungrig bist. Du bleibst am Leben, indem du isst, und eines Tages wirst du wieder hungrig werden. Wenn jemand krank ist und keine Lust zum Essen hat, wird er häufig dazu gedrängt, trotzdem zu essen, weil das Essen ihm helfen würde, wieder zu Kräften zu kommen. Sie müssen den Kreislauf der Motivation in Gang setzen, indem Sie handeln, auch wenn Sie keine Lust dazu haben, um sich motiviert zu fühlen. Viel Glück!

KAPITEL1

EMOTIONEN VERSTEHEN

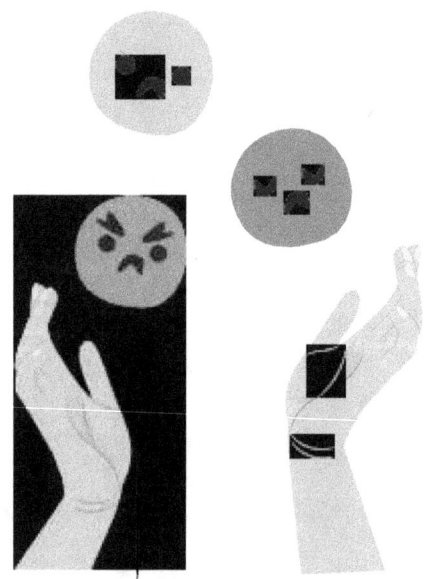

In diesem Kapitel erfährst du einige wichtige Dinge über Emotionen, z. B. was Emotionen sind, wie sie unser Verhalten beeinflussen und warum die emotionale Regulierung für dich als Teenager wichtig ist. Vielleicht stellen Sie fest, dass die Schwierigkeiten, die Sie haben, mit Ihren Emotionen umzugehen, einfach ein Ergebnis der Art und Weise sind, wie Sie mit ihnen umgegangen sind.

1.1 Was Sind Emotionen?

Eine Emotion, ein Gefühl zu nennen, ist nicht ganz richtig, obwohl das Gefühl, wie du dich fühlst, zweifellos ein Teil einer Emotion ist. Anders ausgedrückt: Eine Emotion beinhaltet nicht nur, wie Sie sich fühlen, sondern auch körperliche Reaktionen (Veränderungen der Körperchemie und Körpersprache), Gedanken und Verhaltensweisen (einschließlich Erinnerungen, Bilder und Triebe). Man ist zum Beispiel nicht nur nervös, sondern erlebt auch andere Dinge.

Sie erleben ängstliche und negative Gedanken (Was ist, wenn ich das nicht kann?) und den Drang zu handeln; bei Angst ist dieser Drang häufig wegzulaufen, um einer Situation zu entkommen oder sie von vornherein zu vermeiden. Ihre Körpersprache, einschließlich Ihres Gesichtsausdrucks, verändert sich.

Manchen Menschen fehlt häufig das Bewusstsein für ihre Emotionen und sie scheinen sich in einem "emotionalen Nebel" zu befinden. Versuchen Sie, Ihre Gefühle auszublenden und nicht mehr an sie zu denken? Dies führt häufig zu einer emotionalen Dysregulation, zum Teil, weil es den Menschen schwerer fällt, ihre Emotionen und Gefühle zu kontrollieren, wenn sie ihnen keinen Namen oder Titel geben können. Der nächste Schritt besteht darin, zu lernen, unsere Emotionen zu identifizieren.

Grundlegende menschliche Emotionen

Das Verständnis menschlicher Emotionen wird Ihnen helfen, Ihre Fähigkeit, sie im Laufe der Zeit zu benennen, zu verbessern, oder alternativ werden Sie sicherer werden, dass Sie dies bereits tun können.

Zorn

Wut ist eine Emotion, während Aggression ein Verhalten ist, das manche Menschen fast immer erleben. Wenn das auf dich zutrifft, wirst du feststellen, dass du jedes Mal wütend wirst, wenn etwas emotional Aufwühlendes passiert. Daher ist es wichtig zu überlegen, welche Umstände Anlass zu Ärger geben. Dies sind einige Beispiele:

Wenn jemand respektlos zu dir ist. Wenn es eine Bedrohung gibt.
Wenn Sie ein wichtiges Ziel nicht erreichen.

Wenn du das Gefühl hast, ungerecht behandelt worden zu sein.

Adrenalin schießt als Reaktion auf Wut. Es ist ein Bestandteil der Kampf-oder-Flucht-

Reaktion Ihres Körpers, die Sie auf die Flucht vorbereitet. Infolgedessen haben Sie möglicherweise eine erhöhte Atmung und Herzfrequenz, wenn Sie wütend sind. Du fühlst dich erhitzt, deine Muskeln spannen sich an, deine Atmung wird flach und du fängst an zu zittern.

Dies sind einige Sätze, um verschiedene Formen von Wut zu charakterisieren:

- Aggressiv
- Verärgert
- Bitter
- Belästigte
- Unzufrieden
- Wütend
- Verärgert
- Frustriert
- Wütend
- Feindlich
- Gereizt
- Nachtragend

Furcht

Die Kampf-oder-Flucht-Reaktion, die Wut hervorruft, wird auch durch Angst hervorgerufen, aber Angst ist etwas nuancierter, da sie auch eine eiskalte Reaktion hervorrufen kann, die dazu führt, dass Sie sich fast bewegungsunfähig fühlen. Die Muskeln spannen sich an und die Atmung wird flacher. Angst kann auch dazu führen, dass du dich mulmig oder benommen fühlst, dir übel wird und du dich in deiner Brust unwohl fühlst.

Es kann schwierig sein, herauszufinden, welche Emotion du erlebst, da sowohl Wut als auch Angst dazu führen, dass die gleiche Kampf-oder-Flucht-Reaktion ausgelöst wird.

Hier sind einige Szenarien, in denen es vernünftig wäre, Angst zu empfinden:

- Wenn etwas oder jemand eine Bedrohung für Sie darstellt, z. B. wenn sich Ihnen ein streunender Hund nähert.

- Wenn ein geliebter Mensch verletzt oder bedroht wird.
- Wenn du Angst hast, jemanden oder etwas zu verlieren, das dir wichtig ist.

Dies sind einige Sätze, um verschiedene Formen der Angst zu charakterisieren:

- Ängstlich
- Alarmiert
- Ängstlich
- Verwirrt
- Verstört
- Verstört
- Gestört
- Außer sich
- Nervös
- Überwältigte
- Panik
- Bange
- Gestresst
- Gespannt
- Erschrocken
- Besorgt

Traurigkeit

Wie fühlt sich Traurigkeit körperlich an? Du willst weinen. Es ist auch typisch, sich erschöpft oder ausgelaugt zu fühlen, weniger Energie als gewöhnlich zu haben oder sich schläfrig zu fühlen. Vielleicht stellst du fest, dass du die Dinge, die du früher gerne getan hast, nicht mehr magst und dass du dich innerlich hohl fühlst.

Die Wünsche, die mit Traurigkeit einhergehen, beinhalten oft, sich von Menschen zurückzuziehen und sich zu isolieren.

Es gibt zahlreiche Ursachen für Traurigkeit. Hier sind einige Szenarien, in denen du traurig sein könntest:

- Wenn man einen geliebten Menschen verliert, sei es durch den Tod oder das

Scheitern einer Beziehung.

· Wenn Sie ein wichtiges Ziel nicht erreichen (z. B. den Traumjob zu bekommen oder an der Schule Ihrer Träume angenommen zu werden)

· Wenn jemand, der dir nahe steht, depressiv oder verletzt ist.

Dies sind einige Sätze, um verschiedene Formen der Traurigkeit zu charakterisieren:

· Deprimiert

· Verzweifelnd

· Mutlos

· Entmutigt

· Verstört

· Trostlos

· Verlassen

· Bedrückt

· Bekümmernd

· Untröstlich

· Hoffnungslos

· Niedrig

· Elend

· Traurig

· Unruhig

· Unglücklich

Schuld oder Scham

Lassen Sie uns zunächst die Unterscheidung zwischen Schuld und Scham untersuchen. Wenn du zugibst, dass du etwas falsch gemacht hast, erlebst du Schuldgefühle. Scham hingegen entsteht, wenn du glaubst, dass alles, was du getan hast, falsch von dir war und dass dein Verhalten kein gutes Licht auf dich als Person wirft. Wenn du dich auf eine Weise verhältst, die gegen deine Prinzipien und Ideale verstößt, verurteilst du dich selbst dafür und fühlst dich schrecklich über das, was du getan hast.

Hier sind einige Fälle, in denen es angebracht wäre, Schuld oder Scham zu empfinden:

- Wenn Sie ein Verhalten an den Tag legen, das gegen Ihre Ethik und Ihre Prinzipien verstößt, wie z. B. Lügen oder die Verwendung eines Spickzettels für eine Prüfung.
- Wenn du in der Öffentlichkeit kritisiert wirst.
- Wenn du dich an eine unmoralische Handlung erinnerst oder an eine unmoralische Handlung erinnert wirst, die du zuvor begangen hast.
- Wenn Sie etwas tun, von dem Sie glauben, dass es gut für ein Gruppenprojekt ist, und erhalten Sie Feedback, das darauf hinweist, dass Sie es nicht hätten tun sollen.

Hier sind einige Sätze, um verschiedene Formen von Reue oder Scham zu beschreiben:

- Entschuldigend
- Beschämt
- Getadelt
- Abgebaut
- Blamiert
- Verlegen
- Schuldig
- Erniedrigt
- Gedemütigt
- Bedauernd
- Reumütig
- Bußfertig
- Gehemmt
- Angewidert von sich selbst
- Tut mir Leid

Liebe

Du verspürst wahrscheinlich insgesamt mehr gute Gefühle, wenn du in einer liebevollen Beziehung bist. Sie erleben gesteigerte Lebensfreude, Aufregung bei SE (oder Tier), Geborgenheit, Entspannung und Ruhe.

Unter den folgenden Umständen wird wahrscheinlich die Liebe ins Spiel kommen:

- Wenn du dich in jemanden verliebst, weil du dich emotional und körperlich zu ihm hingezogen fühlst.
- Wenn du ihren Stolz erlebst, wenn du bei irgendetwas erfolgreich bist.

Hier sind einige Sätze, um verschiedene Formen der Liebe zu charakterisieren:

- Angenommen
- Anbetend
- Liebevoll
- Attraktion
- Fürsorglich
- Pflegend
- Verbunden
- Begehrend
- Anhänglich
- Vorliebe
- Vernarrt
- Verliebt

Glück

Wenn du fröhlich bist, möchtest du grinsen und deine Freude an andere weitergeben. Die Impulse, die mit dem Glück einhergehen, variieren je nachdem, worüber Sie sich freuen. Vielleicht möchtest du zum Beispiel jemanden umarmen, über den du dich freust, oder wenn du gerade etwas Aufregendes gelernt hast, möchtest du vielleicht Leute anrufen, die dir wichtig sind, um sie wissen zu lassen. Diejenigen, die glücklicher sind, neigen dazu, sozialer und aktiver zu sein.

Aber wenn es um Glück geht, haben wir oft irrationale Erwartungen. Menschen denken häufig, dass sie glücklich sein "sollten" und fragen sich häufig, warum sie es nicht sind. Nach meinen Beobachtungen verbringt die Mehrheit der Menschen ihr Leben nicht in einem Zustand des Glücks. Wir mögen uns mit unserem Leben wohlfühlen, zufrieden oder in Frieden, aber ich glaube nicht, dass Glücksgefühle sehr lange anhalten.

Dies sind einige Sätze, um verschiedene Formen des Glücks zu charakterisieren:

- Belustigt

- Inhalt

- Entzückt

- Ekstatisch

- Ermutigt

- Froh

- Freudig

- Friedlich

- Zufrieden

- Stolz

- Entspannt

- Erleichtert

- Zufrieden

- Ruhig

Ich hoffe, Sie haben die grundlegenden menschlichen Emotionen vollständig erfasst. Lassen Sie uns vorwärts gehen.

1.2 Wie beeinflussen Emotionen das Verhalten?

Wenn wir eine Emotion erleben, haben wir bestimmte Gedanken und handeln entsprechend dieser Emotion. Infolgedessen verwechseln Menschen häufig Gedanken und Handlungen mit tatsächlichen Emotionen.

Die eigenen Emotionen zu verändern wird ihre Gedanken und Verhaltensweisen verändern, die eigenen Gedanken zu verändern wird ihr Verhalten und ihre Emotionen verändern, und die Änderung des eigenen Verhaltens wird ihre Emotionen und Gedanken verändern. Es ist wirklich einfach, diese drei Sektoren zu vermischen, weil sie so eng miteinander verbunden sind.

Es ist wichtig zu lernen, Ihre Emotionen von Ihren Verhaltensweisen und Gedanken zu unterscheiden. Deine Aufgabe ist es nun, zu unterscheiden zwischen dem, was du fühlst (vergiss nicht, bei Bedarf auf die Liste der Emotionen zurückzugreifen) und dem, was du denkst, sowie wie du dich verhältst (nicht was du tun wolltest oder tun wolltest, sondern die Handlungen, die du tatsächlich unternommen hast).

Es wird dunkel, als du dich allein von der Wohnung deines Freundes auf den Heimweg machst, als du eine Störung hörst. Möglicherweise haben Sie eine ähnliche Erfahrung wie diese gemacht:

- Oh mein Gott, was war das? (Gedanke).
- Während Sie den Bereich scannen, um die Umstände (Verhalten) zu beurteilen.
- Du bemerkst, dass Fremde dir folgen. "Ich habe einen Follower. Was, wenn ich von ihnen angegriffen werde?" (Gedanke).
- Du spürst Angst (Emotion).
- Niemals werde ich in der Lage sein, sie abzuwehren. Es ist niemand in der Nähe, der mir helfen kann (Gedanke).
- Dein Schreckenslevel steigt (Emotion).
- Du verspürst den Wunsch, der Situation zu entfliehen, also denkst du über deine Optionen nach (Gedanken).
- Du joggst zurück zum Haus deines Freundes, indem du dich umdrehst und den Weg zurückkehrst, den du gekommen bist (Verhalten).

Werfen wir nun einen Blick darauf, wie sich dieses Szenario verändern könnte, wenn Sie nur einen Teil Ihrer Erfahrung ändern.

Es wird dunkel, als du dich allein auf den Heimweg machst, als du eine Störung hörst.

"Was war das?", denkst du zunächst. (Gedanke).

- Sie scannen den Bereich, um die Umstände (Verhalten) zu beurteilen.
- Du bemerkst, dass Fremde dir folgen. Sie erscheinen nicht erkennbar (gedacht).
- Du bist fasziniert (Emotion).
- Du beobachtest sie ständig (Verhalten).
- Ich stelle fest, dass es drei Mädchen im Teenageralter in der Gruppe gibt (Gedanke). Du denkst darüber nach, was du tun (denken) solltest.
- Du machst dir ein wenig Sorgen um sie, weil es draußen dunkel wird (Emotion).
- Du annähern und sich erkundigen wenn sie erfordern Hilfe Anleitung (Verhalten).

Nimmt man also das identische Ausgangsszenario als Ausgangspunkt, so ergeben sich hier zwei völlig unterschiedliche Ergebnisse.

1.3 Die Bedeutung der emotionalen Regulation

Wir werden dann weiter daran arbeiten, die Art und Weise zu verändern, wie Sie Ihre Emotionen sehen, indem wir den Zweck untersuchen, dem sie dienen. Oder, anders gefragt: Was machen sie? Sicherlich, auch wenn die Umstände unangenehm sind und wie sehr Sie Ihre Emotionen aus dem Fenster werfen möchten, erfüllen sie eine Funktion, und wir brauchen sie. Erst dann werden wir in der Lage sein, sie zu regulieren. Es gibt einige Erklärungen dafür, warum wir Emotionen empfinden.

- Die erste ist, dass deine Emotionen dich zum Handeln inspirieren oder dich zwingen, etwas zu tun. Betrachten Sie Mobbing als Beispiel. Wenn Schüler Zeuge von Mobbing-Verhalten werden, können sie dazu inspiriert werden, in irgendeiner Weise zu handeln und zu protestieren. Angst kann auch zum Handeln anregen. Ihre Kampf-oder-Flucht-Reaktion bereitet Sie darauf vor, entweder aufzustehen und zu kämpfen oder aus der Situation zu fliehen, wenn Ihr Gehirn etwas erkennt, das eine Bedrohung für Sie darstellen könnte. In jedem Fall dient die Emotion als Inspiration und inspiriert Sie dazu, in irgendeiner Weise zu handeln.

- Emotionen können Sie auch über ein Szenario informieren, das Sie ändern möchten, um es Ihren Anforderungen oder Wünschen besser anzupassen. Auch in diesem Fall kann es sein, dass dein Ärger dir klar gemacht hat, dass es etwas an der Situation gibt, das unfair ist oder das du aus einem anderen Grund nicht magst; alternativ lässt dich deine Schuldgefühle erkennen, dass du auf eine Weise handelst, die nicht mit deinen Prinzipien und Überzeugungen übereinstimmt.

- Die letzte Funktion von Emotionen besteht darin, Ihre Fähigkeit zu verbessern, mit anderen zu kommunizieren. Andere um dich herum können häufig nur anhand deines Gesichtsausdrucks und Verhaltens ableiten, wie du dich fühlst. Das liegt daran, dass Emotionen mit unterschiedlichen Gesichtsausdrücken und Körpersprache verbunden sind, was es uns leicht macht, sie bei uns selbst und anderen zu erkennen. Sie können sehr richtig einschätzen, was Sie fühlen, wenn Sie anfangen zu weinen oder Ihren Kiefer zusammenzubeißen und Ihr Gesicht zu röten.

Obwohl Ihre Emotionen eine Funktion haben, ist es wichtig zu verstehen, dass sie fehlbar sind und nicht als Tatsache angesehen werden sollten. Du musst etwas bewerten, bevor du es akzeptierst, nur weil du dich fühlst. Wenn Sie ein neues Gericht ausprobieren, sind Sie häufig misstrauisch und testen, ob Ihr Geruchssinn stimmt, denn nur weil etwas gut riecht, heißt das nicht unbedingt, dass es gut schmeckt.

Es ist wichtig, sich vor Augen zu halten, dass Ihre Emotionen zwar eine Funktion haben, diese aber nicht immer gut machen. Ihre Beziehung zu Ihren Emotionen zu verändern, ist eines unserer Ziele hier. Sie haben Ihnen bis zu diesem Zeitpunkt zweifellos viel Ärger bereitet, da sie beängstigend und schmerzhaft sein können, und sie können viele ungünstige Auswirkungen haben, wenn Sie die emotionale Achterbahn fahren.

Betrachten Sie Emotionen daher nur als einen anderen Sinn. Deine Emotionen sind nur ein weiterer Sinn wie das Sehen, das dir helfen muss, zu lernen und Entscheidungen zu treffen. Wie sieht es mit Ihrer Vision aus? Ohne sie wäre das Leben eine Herausforderung. Versuchen Sie daher Ihr Bestes, Ihre Emotionen nicht zu beurteilen und sie stattdessen nur als einen weiteren Sinn zu betrachten, der Ihnen Informationen gibt.

Um all das Wissen, das Sie gewonnen haben, in die Tat umzusetzen, werden wir nun einige Aktivitäten durchführen. Sie können sicherstellen, dass Sie eine solide Grundlage haben, auf der Sie sich entwickeln können, während Sie dieses Buch durcharbeiten.

1.4 Aktivitäts-Ecke

Sie sind an der Reihe, einen lustigen Teil zu machen und zu lernen.

Aktivität 1: Was bewirken deine Emotionen?

Sie haben gelernt, welche Art von Emotionen wir haben und wie unsere Emotionen einem Zweck dienen. Nachdem Sie die folgende Geschichte gelesen haben, beantworten Sie die Fragen.

Annes Vater hatte kurz zuvor wieder geheiratet, und ihre Eltern hatten sich scheiden lassen, als sie zwölf Jahre alt war. Seine neue Frau kritisierte Anne häufig und schien zu versuchen, sich als Annes Mutter zu benehmen, was Anne nicht schätzte. Anne besuchte einmal ihren Vater, um ihn nach der Schule zu sehen. Sie war zufrieden mit sich selbst für ihre Note in Arithmetik, weil es ein Fach war, das sie schon immer als schwierig empfunden hatte. Bevor ihr Vater Annes Zeugnis sehen konnte, warf seine neue Frau einen Blick darauf und warnte das Mädchen, dass ihre BS inakzeptabel seien und dass sie viel mehr arbeiten müsse.

Markiere das Gefühl, das am besten zusammenfasst, wie Anne sich fühlen könnte.

Zorn   Traurigkeit   Angst   Schuld

Welche Funktion könnte diese Emotion erfüllen?

_____

_____

Was könnte Anne aufgrund dieses Gefühls tun?

_____

_____

Kannst du dich an eine Zeit erinnern, in der du jedes dieser Gefühle erlebt hast? Nehmen Sie sich etwas Zeit, um über den Zweck nachzudenken, dem es diente, und über die Dinge, die Sie als Ergebnis getan haben, und teilen Sie dann Ihre Gedanken in dem dafür vorgesehenen Bereich mit:

Als ich wütend war:

_____

_____

Die Funktion dieser Emotion ist:

_____

_____

Was ich getan habe, war von Vorteil:

_____

_____

Aktivität 2: Identifizieren Sie das Dreieck

Identifiziere das Dreieck

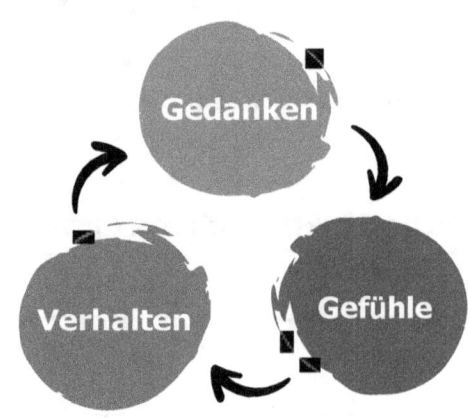

Du verstehst jetzt, wie deine Emotionen, Gedanken und Handlungen zusammenhängen. Setzen Sie dieses Wissen sofort ein. Der Satz, der jeden von ihnen in jeder Aussage am genauesten zusammenfasst, sollte davor geschrieben werden.

Ich hasse die Schule.

_____

Ich mache mir Sorgen, dass ich in der nächsten Woche meine Prüfungen ablege.

_____

Ich erledige meine Hausaufgaben.

_____

Meine Eltern und ich streiten uns.

_____

Ich werde nie in einer Beziehung sein.

_____

Ich bedauere, dass ich das Konzert verpasst habe.

_____

Mein neuer Hund ist unglaublich.

_____

Meine Schwester lehnte meine Bitte ab, mit ihr zu spielen, was mich traurig macht.

_____

Möglicherweise können Sie dieses Dreieck nicht sofort auseinanderhalten. Die Mehrheit der Menschen ist es nicht gewohnt, auf diese Weise denken zu müssen, also machen Sie sich keine Sorgen, wenn Sie mit einigen davon zu kämpfen haben.

Aber Sie müssen sich darauf konzentrieren, da es Ihnen hilft, mehr Kontrolle über sie zu haben.

Aktivität 3: Akzeptanz macht dich frei

Zu akzeptieren, dass schmerzhafte Ereignisse in unserem Leben stattgefunden haben oder jetzt passieren, kann eine Herausforderung sein. Daher entscheiden wir uns dafür, die Realität zu bekämpfen, anstatt sie zu akzeptieren. Aber wenn wir diese Realitäten ablehnen, gibt es keinen Zweifel daran, dass die Realität der Geschehnisse unverändert bleibt. Die Realität zu meiden, macht die Dinge nicht besser; Im Gegenteil, es führt nur dazu, dass wir uns schlechter fühlen.

Sie müssen die Realität akzeptieren und angemessen handeln, anstatt sich ihr zu widersetzen und zu versuchen, sie in etwas zu verwandeln, was sie nicht ist.

Erinnern Sie sich an einen der Umstände, den Sie immer noch nur schwer akzeptieren können.

Was könntest du dir sagen, um dich für diesen Umstand empfänglicher zu machen?

_____

_____

_____

_____

_____

_____

_____

KAPITEL 2

Was sind negative Gedanken?

Lassen Sie uns negative Gedanken verstehen, jetzt, da Sie wissen, was Emotionen sind und wie sie Ihr Verhalten beeinflussen. Ihr Gehirn berücksichtigt alle Faktoren, nicht nur potenzielle Bedrohungen. Außerdem wird dein Herz gehört. Du bist dir tief im Inneren bewusst, dass es im Leben um mehr geht als nur ums Überleben. Ihre Hoffnungen für die Zukunft und Ihre ideale Lebensweise sind in Ihrem Herzen verankert.

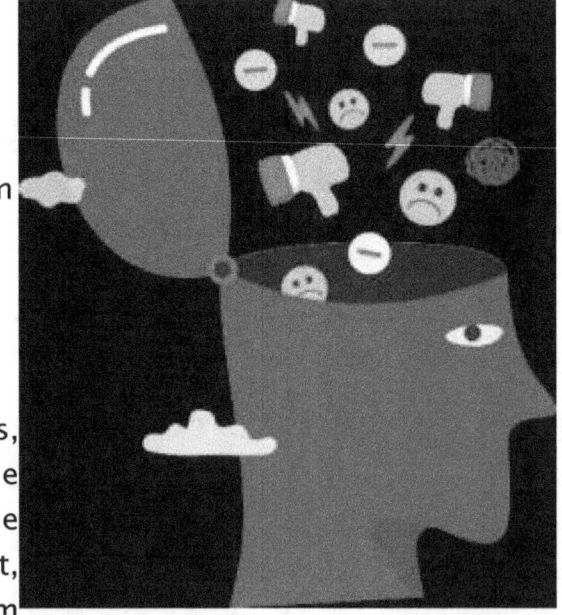

Der grundlegende Grundsatz dieses Buches ist es, Ihnen zu helfen, eine bessere Chance zu haben, die Kontrolle über Ihr Leben wiederzuerlangen, indem Sie geschickter darin werden, zwischen dem, was real ist, und dem, was nicht ist, zu unterscheiden. In diesem Kapitel lernst du, deine negativen Gedanken und ihre Ursprünge zu erkennen. Du wirst lernen, wie du dir bewusst wirst, wie diese Gedanken deinen ängstlichen Geist nähren.

2.1 Die Diät eines ängstlichen Geistes

Mal sehen, was dein ängstlicher Geist isst.

Die wilden Vermutungen von Olivers ängstlichem Geist

Oliver, der fünfzehn Jahre alt war, liebte das Radfahren. Er ging zu seinem Freund und machte das Beste aus seiner Zeit. Eines Tages, als er mit seinem Freund vom Radfahren nach Hause kam, begann der Hund eines Parks, der nicht angeleint war, ihn zu verfolgen. Oliver hörte nicht, wie sich der Hund näherte, da er Musik über Kopfhörer hörte. Er wurde aus seinem Fahrrad geworfen, als der Hund ihn verfolgte und einholte. Der Besitzer des Hundes tauchte sofort auf und entfernte den Hund, während er sich überschwänglich entschuldigte. Obwohl Oliver nicht gebissen wurde, fühlte er sich so, als hätte er es sein können. Während er verletzt und erschüttert nach Hause ging, versicherte er dem Besitzer des Hundes, dass es ihm gut gehe.

Am nächsten Tag fuhr Oliver mit dem Fahrrad. Er sah eine Nachbarin, die mit ihrem großen Hund spazieren ging und direkt auf ihn zusteuerte. Ähnlich wie am Tag zuvor bemerkte er, dass sein Herz schnell zu schlagen begann und dass er Angst verspürte. Er kehrte nach Hause zurück und fühlte sich viel ruhiger, sobald er eintrat.

Oliver blieb ruhig, indem er Hunden aus dem Weg ging, aber das machte ihn nicht weniger ängstlich vor ihnen. Er brauchte nur das Radfahren in Betracht zu ziehen, um sich in der Nähe von Hunden unwohl zu fühlen. Das Vermeiden verschlimmerte seine Angst und hinderte ihn daran, sich an Aktivitäten zu beteiligen, die ihm Spaß machten.

Dein Glaube, dass deine Handlung etwas Schreckliches verhindert hat, ist der Grund, warum sich deine Angst verschlimmert. Oliver war erleichtert und bemerkte, dass er in seinem Haus war und der Hund ihn nicht gebissen hatte.

Sie fragen sich vielleicht, warum er weiterhin so denkt. Halten Sie manchmal inne oder überlegen Sie etwas sorgfältiger, bevor Sie Alarm schlagen und in Panik geraten? Nein. Der einzige Zweck deines ängstlichen Geistes ist es, dich zu beschützen. Außerdem wird Ihr Geist hyperaktiv und reagiert auf Gefahren, wenn Sie Angst haben. Es ist nicht in der Lage, Unterscheiden Sie zwischen imaginären und tatsächlichen Bedrohungen. Seine beängstigenden Ideen sind nur wilde Vermutungen, keine gründlich begründeten Konzepte.

Du akzeptierst im Wesentlichen, dass das Szenario unsicher war, wenn du es aus Angst vermieden hast. Du bringst deinem Verstand bei, die Dinge auf die gleiche Weise zu lesen, auf die gleiche Weise zu plappern und beim nächsten Mal Alarm zu schlagen.

Sie erkennen vielleicht nicht, dass das, was Sie tun, eine Vermeidungstaktik ist. Sie suchen nach einer Lösung für ein Problem, indem Sie wiederholt in Ihrem Kopf darüber nachdenken, um nicht mehr nervös zu sein. Du versuchst, dich von der Angst abzuhalten, die das Problem verursacht.

Olivers Verstand hat einige wilde Vermutungen angestellt, daher ist es wichtig, die Ernährung Ihres ängstlichen Geistes zu verstehen.

Die Würze der Überschätzung

Bei der Einschätzung von Risiken begeht Ihr ängstlicher Verstand ständig zwei Fehler: Er überschätzt die Wahrscheinlichkeit, dass etwas Negatives passiert, und er unterschätzt die Wahrscheinlichkeit, dass etwas Gutes passiert. Es unterschätzt Ihre Fähigkeit, mit schwierigen Situationen umzugehen. Dieser doppelte Fehler interpretiert sichere Umstände als gefährlich und löst Fehlalarme und die Kampf-oder-Flucht-Reaktion Ihres Körpers aus.

Der schlimmste Sprung

Der typischste Fehler ist die Katastrophal oder das Springen in das Worst-Case-Szenario. Der ängstliche Geist stellt sich ständig das Worst-Case-Szenario vor, wie in einem Gruselfilm. Im Folgenden finden Sie einige Beispiele für die schlimmsten Sprünge:

- Du hebst im Unterricht nicht die Hand, um auf eine Frage zu antworten. Wenn du das falsch machst, wird sich unter den Schülern ein Gerücht über deine Dummheit verbreiten.
- Deine Brust verengt sich. Haben Sie einen Herzinfarkt?
- Sie benötigen Hilfe bei einem Test. Wenn Sie dies nicht bestehen, werden Sie nicht zum College zugelassen und es wird auf Ihrem Zeugnis erscheinen.

Fragen Sie Ihren ängstlichen Geist: "Was wird wahrscheinlich passieren?"

Das Salz der Negativität

Jedes Ereignis, mit dem wir konfrontiert sind, hat sowohl positive als auch negative Komponenten, aber weil der ängstliche Geist ständig nach Bedrohungen sucht, ignoriert er die positiven Aspekte unserer Erfahrungen völlig und fügt das Salz der Negativität hinzu. Das ist es, was wir meinen, wenn wir das Gute abwerten. Sie erhalten zum Beispiel ein englisches Taschenbuch mit aufmunternden Bemerkungen. Aber Ihr Fokus wird auf einen Bereich gelenkt, der sofort verbessert werden könnte. Du denkst, du seist ein hoffnungsloser Schriftsteller!

Die Suppe des Gedankenlesens

Dein ängstlicher Verstand stellt Vermutungen darüber an, was andere Menschen über dich denken.

- Du hast eine frische Frisur, wenn du den Korridor entlanggehst. Alle starren auf deine Haare!
- Sie speisen alleine in einem Sandwich-Laden. Du scheinst keine Freunde zu haben.
- Frage dich: "Welche Beweise habe ich dafür, dass die Leute über dich denken?", wenn du glaubst, dass du Gedanken lesen kannst.

Ein perfektes Rezept

Sie glauben, dass Sie konstant fehlerfreie Leistung erbringen müssen. Alles andere ist nicht akzeptabel und setzt Sie Risiken und Kritik aus. Der ängstliche Geist stimmt zu. Es will ein perfektes Rezept. Überlegen Sie Folgendes: "Habe ich höhere Erwartungen an mich selbst?"

Kommen wir nun zu einigen Aktivitäten, um zu verstehen, was wir in diesem Kapitel gelernt haben.

2.2 Aktivitäts-Ecke

Hier kommt der lustige und interessante Teil.

Aktivität 4: Identifizieren Sie Ihren ängstlichen Geist

Um Ihren ängstlichen Geist zu kontrollieren, ist es zunächst wichtig, ihn zu identifizieren.

Überprüfen Sie die Optionen, die auf Sie zutreffen.

- ☐ Du machst dir Sorgen, wenn du von deinen Lieben getrennt bist.
- ☐ Du bekommst plötzlich Angst, wenn du dich in einem Fahrzeug, einem Flugzeug, einer Brücke oder einem engen Raum befindest.
- ☐ Sie grübeln häufig über Ihre folgenden Worte oder Handlungen nach, bevor Sie sich auf soziale Interaktionen einlassen.
- ☐ Du erlebst plötzlich seltsame oder distanzierte Gefühle oder einen falschen

Realitätssinn.

- [ ] Sie verspüren Angst, Nervosität oder Sorgen um andere, in öffentlichen Bereichen, in öffentlichen Verkehrsmitteln oder wenn Sie weit von zu Hause entfernt sind.
- [ ] Sie machen sich häufig Sorgen über ungünstige Ereignisse wie Unfälle, Tragödien in Ihrer Familie oder Krankheit.
- [ ] Sie überprüfen alles noch einmal, um sicherzustellen, dass nichts Negatives
- [ ] passiert. Manche Tiere oder Insekten machen dich ängstlich.
- [ ] Du brauchst Hilfe, um dich im Unterricht zu äußern.
- [ ] Du machst dir Sorgen, dass eine Panikattacke dazu führt, dass du die Kontrolle verlierst, stirbst, wahnsinnig wirst oder andere ungünstige Ereignisse erlebst.
- [ ] Sie machen sich Sorgen über Panikattacken, unangenehme Körperempfindungen oder überwältigende Angstzustände, wenn Sie sich an einem überfüllten Ort, auf einer Solo-Reise oder von zu Hause weg befinden.
- [ ] Du ärgerst dich über schlechte Noten oder bekommst Ärger in der Schule.
- [ ] Machen Sturm, Höhen oder Wasser nervös?
- [ ] Bei einem unerwarteten Ereignis treten gelegentlich Symptome wie Herzklopfen, Schwitzen, Atembeschwerden, Schwindel oder Zittern auf.
- [ ] Sie übernachten in der Nähe von Ausgängen, wenn Sie öffentliche Verkehrsmittel benutzen, oder an Orten wie Schulen und Kinos.
- [ ] Sie fühlen sich häufig angespannt und unruhig oder haben Schwierigkeiten, sich
- [ ] zu entspannen oder einzuschlafen. Man bekommt Angst oder Schwindel, wenn man Blut oder Nadeln sieht.
- [ ] Sie finden es unglaublich umständlich, ein Gespräch zu beginnen oder daran teilzunehmen.
- [ ] Du vermeidest es, in Situationen zu sein, in denen du dich eingesperrt fühlen kannst, als Beifahrer oder in einer Schlange.
- [ ] Sie haben Mühe, sich aufgrund von Sorgen und Ängsten zu konzentrieren.
- [ ] Du erlebst Bedrängnis durch unzulässige religiöse oder sexuelle Gedanken. Du
- [ ] machst dir Sorgen, dass du erstickst.
- [ ] Sie verzichten darauf, ausgehende Anrufe oder SMS an jemanden zu tätigen, den Sie nicht gut kennen.

☐ Sie machen sich Sorgen oder haben Angst, andere Panikattacken zu haben.

☐ Sie haben häufig Kopf- oder Bauchschmerzen.

☐ Sie müssen etwas mehrmals sagen oder tun, bevor es passend erscheint.

☐ Du erlebst ängstliche Gedanken, die dich dazu bringen, dich selbst oder jemand anderen zu verletzen.

Gehen Sie die Aussagen durch, die Sie abgehakt haben. Die Wahrscheinlichkeit, dass Sie sich Sorgen und Ängste machen, steigt mit der Anzahl der Häkchen, die Sie haben.

Aktivität 5: Erkenne deine negativen Gedanken

Greife deine negativen Gedanken auf. Denken Sie an eine Situation, in der Sie sich ängstlich fühlen, und beantworten Sie die folgende Frage.

Wovor hast du Angst?

_____

_____

_____

Was wäre das schlimmste Szenario, wenn dies eintreten würde?

_____

_____

_____

Was bedeutet das für Sie, Ihr Leben und Ihre Perspektiven?

_____

_____

_____

Aktivität 6: Fordern Sie Ihre ängstlichen Gedanken heraus

Erinnern Sie sich an den schlimmsten Sprung, über den wir in diesem Kapitel gesprochen haben? Brunnen! Es ist an der Zeit, sich dem zu stellen. Nachdem Sie Ihre ängstlichen und negativen Gedanken identifiziert und entdeckt haben, ist es wichtig, sie in Frage zu stellen. Denken Sie an die gleiche Situation, die Sie sich in der vorherigen Aktivität vorgestellt haben, und fordern Sie Ihre ängstlichen Gedanken mit den folgenden Fragen heraus.

Was wird wahrscheinlich passieren?

_____

_____

Was ist gut gelaufen? Was war das Richtige, was ich getan habe?

_____

_____

Lege ich höhere Maßstäbe an mich selbst an als an andere?

_____

_____

Was verliere ich, wenn ich kein Risiko in meinem Leben habe?

_____

_____

Aktivität 7: Was vermeidest du?

Dein ängstlicher Geist möchte dir eine perfekte Ernährung geben und dich von schönen Dingen fernhalten, indem er dich anweist, sie zu vermeiden. Es ist an der Zeit, ehrlich zu sich selbst zu sein und sich deinem ängstlichen Geist mit Mut zu stellen.

Was glaubst du, hindert dich deine Angst daran? Welche Aktivitäten haben Sie früher genossen, aber nicht mehr?

Was vermeiden Sie??

KAPITEL 3

KOGNITIVE VERHALTENSTHERAPIE: BEWÄLTIGUNG FÄHIGKEITEN, UM NEGATIVE GEDANKEN ZU KONTROLLIEREN

Ein kürzlich lizenzierter Fahrer zu werden, machte James unglaublich glücklich. Eine Woche nach seiner Unabhängigkeit ereignete sich in der Nähe seines Hauses ein schrecklicher Unfall, bei dem ein Teenager eine Person überquerte, die die Straße überquerte. Als James das nächste Mal fuhr, spürte er einen leichten Ruck auf dem Bürgersteig.

Er hatte das Gefühl, dass er vielleicht gerade jemanden überfahren hatte. Er wusste, dass dies absurd war, aber er konnte die Sorge nicht abschütteln. Obwohl er in den Rückspiegel schaute und nichts sah, war er immer noch angespannt. Sein Unbehagen verschwand erst, als er an die Stelle zurückkehrte, an der er die Beule gespürt hatte, und feststellte, dass dort nichts war.

Wenn du Gedanken wie James erlebst, dann kann dir CBT helfen.

Die weit verbreitete und erfolgreiche Methode der kognitiven Verhaltenstherapie (KVT) kann zur Behandlung und Bewältigung verschiedener psychischer Probleme eingesetzt werden. CBT betont die Beziehung zwischen den Ideen, Gefühlen und Verhaltensweisen einer Person und lehrt sie, gegensätzliche Gedanken oder Überzeugungen, die sie verärgern könnten, zu erkennen und zu hinterfragen. In diesem Kapitel wird untersucht, wie KVT Menschen dabei helfen kann, negative Glaubenssätze zu überwinden.

Indem sie den Menschen hilft, ihre negativen automatischen Gedanken zu erkennen – schnelle, reflexartige Reaktionen, die als Reaktion auf bestimmte Situationen oder Ereignisse auftreten – bekämpft die kognitive Verhaltenstherapie negatives Denken. Die kognitive Verhaltenstherapie wird Ihnen dabei helfen, diese negativen gewohnheitsmäßigen Gedanken in Frage zu stellen und sie durch vernünftigere und ausgewogenere Gedanken zu ersetzen, indem Sie eine Vielzahl von Übungen und Strategien verwenden.

3.1 Einführung in die kognitive Verhaltenstherapie

Die kognitive Verhaltenstherapie (KVT) kann Einzelpersonen dabei helfen, die verschiedenen Kontexte, in denen sie sich befinden, zu untersuchen und ihre Ideen, körperlichen Empfindungen und Verhaltensmuster zu verstehen. Die Theorie besagt, dass unsere Verhaltensweisen, Gedanken und Gefühle alle miteinander interagieren und die Aufrechterhaltung negativer Emotionen wie 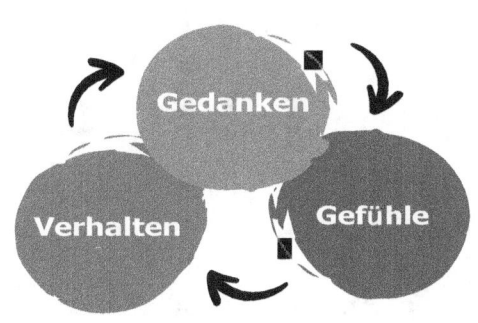 Depressionen und Angstzustände unterstützen können. Sehen Sie sich die Abbildung unten an.

Laut kognitiver Verhaltenstherapie (KVT) wird der emotionale Stress einer Person oft dadurch verursacht, wie sie eine Situation interpretiert oder sieht, und nicht durch die Umstände selbst. Bei der kognitiven Verhaltenstherapie geht es darum, zu lernen, wie man schädliche Überzeugungen in Frage stellt und nicht hilfreiche Verhaltensweisen ändert.

Negative automatische Gedanken sind häufig, wenn wir depressiv oder gestresst sind. Diese negativen Ideen kommen uns automatisch durch den Kopf und sind nicht von Vorteil. Obwohl es ihre Sorgen vorübergehend verringern kann, kann es sie im Laufe der Zeit verstärken und aufrechterhalten. Wenn du diese Schleife unterbrichst, fühlst du dich anfangs vielleicht ängstlicher, aber letztendlich wirst du dich weniger ängstlich fühlen.

Betrachten Sie als Beispiel Emily, die ängstlich wird, wenn sie in den Laden geht. Sie hat Fieber, ihr Herz rast und sie hat Schwierigkeiten beim Atmen. Sie glaubt, dass "ich einen Herzinfarkt erleide", was ihre körperlichen Probleme verschlimmert. Daraufhin versucht sie, so schnell wie möglich von ihnen wegzukommen.

Wenn sie wieder auf diese Situation stößt, kann Emily sich noch ängstlicher fühlen und es könnte auch ihre negativen Ideen verstärken. Ihre Gefühle, Symptome und Verhaltensweisen werden alle voneinander beeinflusst.

Emily zu Besuch in einem Geschäft:

Ihr Gedanke: Ich habe einen Herzinfarkt.

Ihr Verhalten: Meidet die Läden oder weigert sich, sie vollständig zu betreten. Ihr Gefühl: Ich fühle mich niedergeschlagen und ängstlich.

Negative Gedanken beziehen sich auf die Fähigkeit einer Person, mit Angst umzugehen, was die Angst in Schach halten kann. Gelegentlich entwickeln Menschen Bewältigung Fähigkeiten, die es ihnen ermöglichen, mit einem Problem umzugehen. Dies kann bedeuten, den Umstand zu vermeiden oder anders zu handeln, um ihnen bei der Bewältigung ihrer Angst zu helfen.

3.2 Fordern Sie Ihre negativen Gedanken heraus

Deine Angst und schlechte Laune kannst du kontrollieren, indem du lernst, deine negativen Gedanken zu kontrollieren. Jugendliche haben häufig extreme oder irrationale Gedanken, wenn sie depressiv oder ängstlich sind. Diese Gedanken werden in der kognitiven Verhaltenstherapie als negative automatische Gedanken bezeichnet.

Das sind die Art von Ideen, die jedem Unbehagen bereiten würden. Obwohl manche Menschen erkennen, dass ihre negativen Ideen nicht echt sind, kann dies für Menschen, die ängstlich oder schlecht gelaunt sind, eine Herausforderung sein. Daher glauben diese Personen häufig, dass ihre negativen Gedanken wahr sind. Daher kann diese Art von negativem Denken uns in einem depressiven oder ängstlichen Zustand halten.

Wie können Sie von kritischem Denken profitieren?

Der Zweck dieser Strategie besteht darin, eine vernünftige und ausgewogene Art und Weise zu untersuchen, anstatt sich nur auf die positiven Aspekte zu konzentrieren. Ihre Einstellung und Leistungsfähigkeit wird durch ausgewogenere Ideen verbessert, so dass Sie das Leben wieder genießen können.

Anfangs müssen Sie die Verfahren zulassen, aber mit etwas Übung werden Sie in der Lage sein, diese Strategie während eines herausfordernden Ereignisses anzuwenden, um Ihre Stimmung zu heben.

So funktioniert diese Methode

Unsere Gedanken sind häufig eher von unseren Meinungen und Erfahrungen geprägt als von der objektiven Realität. Wenn wir depressiv oder nervös sind, haben unsere Gedanken auch eine negative Neigung. Dies kann dazu führen, dass wir voreilige Annahmen treffen oder uns das Worst-Case-Szenario ohne unterstützende Daten vorstellen.

Wir müssen Informationen sammeln, während wir negative Gedanken ansprechen, um zu sehen, wie wahr sie sind. Da es keinen Raum für Zweifel gibt, sind Tatsachenbeweise deutlich überzeugender als Meinungen.

Ziel ist es, den Glauben, der die größte emotionale Qual erzeugt, zu untersuchen, um seinen Realitätsgrad zu bestimmen. Anschließend formulieren wir eine frische, evidenzbasierte Alternatividee.

Was unterscheidet ein Denken von einer Emotion?

Oft bestehen Gedanken aus einem Satz oder einer Behauptung über etwas oder jemanden. Ein einziges Wort, das zusammenfasst, wie wir uns fühlen, ist eine Emotion.

Gedanken wie "Niemand mag mich" sind Beispiele. "Die Leute denken, ich sei dumm" "Wenn ich zu spät zur Arbeit komme, verliere ich meinen Job."

Einige Beispiele für Emotionen sind Wut, Glück, Angst und Depression, wie in Kapitel 1 besprochen.

Auf der Suche nach einem alternativen oder evidenzbasierten Denken

Die kognitive Restrukturierung besteht aus drei Schritten:

Erster Schritt: Gedanken sammeln

Wählen Sie einen Umstand, der Sie dazu gebracht hat, ungünstige Emotionen zu empfinden, um zu beginnen.

Schreiben Sie zuerst Einzelheiten über die Umstände auf. Auch wenn der Umstand vielleicht nicht die Wurzel deiner unangenehmen Gedanken oder Gefühle war, hilft es, Einzelheiten aufzuschreiben.

Versuchen Sie als Nächstes, den "negativen Gedanken" in den Umständen zu lokalisieren. Die Wahrscheinlichkeit, dass dieses Konzept zu negativen Emotionen führt, wird häufig als am höchsten angesehen.

Da es sich häufig um etwas handelt, an das wir nicht gewöhnt sind, kann es schwierig sein, diese Gedanken zu stoppen. Daher sollten Sie diese erste Phase einige Male wiederholen.

Wenn du dir die folgenden Arten von Fragen stellst, wird dir das helfen, deinen Kopf frei zu bekommen.

- Wer oder was warst du? Wie haben Sie sich gerechtfertigt?
- Was war der schlimmste Gedanke, der Ihnen in den Sinn kam?

Wenn du dir die folgenden Arten von Fragen stellst, wird dir das helfen, deinen Kopf frei zu bekommen.

- Sie sind kurz und präzise.
- Sie geschehen unmittelbar nach dem Ereignis.
- Sie können als Text oder Bilder angezeigt werden.
- Damals scheinen sie vernünftig zu sein.
- Sie resultieren nicht aus ernsthafter Überlegung oder einer logischen Abfolge von Phasen.

Schritt zwei: Den Beweis finden

Man beachte die unterstützenden und gegensätzlichen Argumente für das, was geschieht. Sie interessieren sich nur für Fakten, nicht für Meinungen. Stellen Sie sich vor, Sie wären die Staatsanwaltschaft und die Verteidiger bei einer Gerichtsverhandlung. Beide Seiten werden Beweise vorlegen, um die Wahrheit ans Licht zu bringen.

Du könntest dir Fragen stellen wie: "Wenn mein Kumpel oder jemand anderes so denken würde, was würde ich ihm sagen?"

Wie würde ich das Szenario sehen, wenn ich nicht ängstlich oder depressiv wäre? Gibt es einen anderen Blickwinkel, aus dem man die Umstände betrachten kann?

Kritisches Denken ist vergleichbar mit einem Urteil über Ihren Fall. Der Angeklagte ist dein standardmäßiges negatives Denken, wie z.B. "Jeder hasst mich". Wie glaubwürdig und solide sind die vorgelegten Beweise, um dies zu untermauern? Ist die Aussage: "Alle hassen mich? Ich weiß es einfach", Beweis genug?

Denken Sie über alle Beweise nach und verwenden Sie dann eine alternative Idee, die von den Beweisen unterstützt wird, um zu Ihrer Schlussfolgerung zu gelangen.

Schritt drei: Suche nach einem alternativen oder evidenzbasierten Denken

Schließlich müssen Sie eine neue alternative Idee formulieren, wobei Sie die in Schritt zwei gesammelten Fakten als Grundlage verwenden. Anstatt zu versuchen, positiv zu denken, ist dies der Versuch, gerechter zu denken und beide Argumente zu berücksichtigen.

Schreiben Sie eine Aussage, die die "Beweise für" zusammenfasst, und einen weiteren Satz, der die "Beweise gegen" zusammenfasst, um einen evidenzbasierten Gedanken zu entwickeln.

Überprüfe deine anfänglichen Gefühle im Lichte deines revidierten (ausgeglichenen) Denkens. Der Zweck dieser Strategie ist es, die Intensität Ihrer negativen Gefühle zu verringern.

Die Methode im Überblick

Hier sind die Schritte, um Ihre negativen Gedanken herauszufordern:

1. Beschreiben Sie einen Umstand, in dem Sie einen besonders unangenehmen emotionalen Zustand hatten (z. B. Angstzustände oder Depressionen).
2. Benennen Sie das Gefühl (z. B. deprimiert, ängstlich, niedergeschlagen, traurig).
3. Geben Sie an, wie stark die Emotion war.
4. Listen Sie die negativen Gedanken auf, die Ihre Gedanken zu dieser Zeit beschäftigten.
5. Gib an, wie sehr du wirklich geglaubt hast, dass die Gedanken wahr sind.
6. Finde deinen "negativen Gedanken". Die einzige Idee, die wir anfechten werden, ist diejenige, die Ihnen den größten emotionalen Schmerz bereitet.
7. Finden Sie Daten, die Ihren Glauben stützen.
8. Finden Sie Fakten, die dem Standpunkt widersprechen.

9. Nachdem die Beweise, die eine Idee stützen und widerlegen, gesammelt wurden, bewerten Sie Ihre Position im Lichte der Fakten.

10. Kombinieren Sie die in Stufe 3 erhaltenen Daten mit "und", "oder" und "aber".

11. Machen Sie eine vernünftigere Einschätzung.

Die folgenden Aktivitäten werden Ihnen helfen, CBT-Fähigkeiten zu verstehen und zu verstehen, wie sie bei der emotionalen Regulierung helfen.

3.3 Aktivitäts-Ecke

Hier ist der lustige und lernende Teil.

Aktivität 8: Atmen Sie Ihre Angst ein

Stell dir vor, du ziehst mit jedem Atemzug Kraft aus der Erde, wie die Wurzeln des Baumes. Jedes Mal, wenn du ausatmest, gibst du die Kontrolle über die Situation ab, wiegst wie ein Baum mit dem Wind und akzeptierst, was auch immer passiert – einschließlich der möglichen Sorgen, die es verursacht.

Angst kann überwunden und gemildert werden, indem man in sie hineinatmet. Dein Körper fängt an, als Reaktion auf deinen ängstlichen Geistesalarm flach zu atmen, aber du kannst es mit deinen langsamen, tiefen Atemzügen ändern.

Jetzt bist du dran:

Stellen Sie sich vor, Sie befinden sich an einem ruhigen Strand oder an einem anderen entspannenden Ort, bis Ihre Nervosität nachlässt. Das ist die Flucht vor dem Umstand. Sie müssen präsent sein, um Ihr Ziel zu erreichen, z. B. Achtsamkeit zu üben und jeden Moment vollständig zu erleben.

Versuchen Sie nicht, irgendetwas zu ändern; Erlaube allem, so zu sein, wie es ist.

Atme in alle Bereiche deines Körpers, die angespannt sind. Tun Sie dies zehn Minuten lang und achten Sie dabei sehr auf die Erfahrungen Ihres Körpers.

Sie werden feststellen, dass sich Ihr Angstniveau verschiebt. Wenn du einen Atemzug nimmst, wird deine Widerstandsfähigkeit gegen die Angst verringert und sie ihren Lauf nehmen lassen.

Du bist mächtiger, als dein Verstand glaubt!

Aktivität 9: Führen Sie Ihre Aufzeichnungen

Sie müssen die Ergebnisse berücksichtigen, um präzise Prognosen über die Zukunft zu treffen. Sie können Informationen sammeln und auswerten. Anstatt dich auf die Ahnungen deines Verstandes zu verlassen, kannst du herausfinden, wie wahrscheinlich es ist, dass dich etwas stört.

Schreibe jedes Mal auf, wenn du negative Gedanken hast, einschließlich dessen, was du gedacht hast und was passiert ist.

Bewahren Sie Ihre Aufzeichnungen auf

Überprüfen Sie dieses Protokoll nach einer Woche, um festzustellen, wie die Dinge stehen.

Datum	Ihre pessimistische Haltung	Ihre mentale Prognose	Was geschah wirklich?

Übung 10: Betrachten Sie die Dinge objektiv

Warum untersuchen Sie nicht den Grund, der die Sorge verursacht, kritisch, bevor Sie mehr Zeit damit verbringen, sich darüber Gedanken zu machen? Sie können feststellen, ob Sie eine echte Bedrohung oder nur eine andere Vorstellung haben, indem Sie beide Beweise dafür berücksichtigen, dass der Gedanke richtig ist oder nicht.

Hier ist ein "Beweis für und dagegen" auf die Möglichkeit, dass eine B-Note Sie daran hindern könnte, an einer renommierten Universität zugelassen zu werden, und Sie obdachlos macht.

Beweis: Es ist richtig, dass Sie ein B erreicht haben. Die Testergebnisse wirken sich auf die Gesamtnote der Klasse aus.

Beweis dagegen: Dieser Test machte nur 20 % Ihrer Abschlussnote aus. Während Sie derzeit einen A-Durchschnitt in der Klasse haben, wirkt sich dieses B nur auf Ihre Abschlussnote aus, wenn Sie im bevorstehenden Test ein B oder weniger erhalten.

Alternative Ansicht: Obwohl Testergebnisse die Endnoten beeinflussen können, müssten Sie in Zukunft schlecht abschneiden, um eine nicht bestandene Note in der Klasse zu erhalten. Sie können viele seriöse Institutionen betreten, auch wenn Ihre Abschlussnote ein B ist.

Achten Sie darauf, sich bei der Verwendung dieses Tools an die Fakten zu halten. Dies ist einfach ein potenzielles zukünftiges Ereignis; Es ist keine Tatsache. Um sich an die Fakten zu halten, ist es manchmal erforderlich, mehr Daten zu sammeln.

Denken Sie über eine Situation nach und wiederholen Sie diesen Vorgang und notieren Sie Ihre Antworten unten:

_____

_____

_____

_____

_____

Aktivität 11: Der blaue Himmel

Der Körper kann eine Menge Anspannung erfahren. Es provoziert eine Kampf-oder-Flucht-Reaktion. Dein Herz schlägt schneller, dein Magen hört auf zu verdauen und deine Muskeln spannen sich an, damit mehr Energie verbraucht werden kann. Hier ist, was Sie tun müssen.

- Sie müssen ohne Bewegung sitzen oder liegen, um diese Übung auszuführen.
- Gehen Sie an einen privaten Ort und schalten Sie Ihr Telefon aus.
- Beginnen Sie mit tiefen, langsamen Atemzügen.
- Wiederholen Sie den Vorgang zehnmal.
- Schauen Sie sich nun den blauen Himmel an.
- Öffnet sich und tropft seinen blauen Inhalt sanft über Sie herab.
- Es könnte von Vorteil sein, während dieser Aktivität etwas Musik zu spielen.
- Sie müssen diese Schritte befolgen, um den Nutzen dieses entspannenden Ansatzes zu beobachten.

Aktivität 12: Maßnahmen ergreifen

Es gibt eine zusätzliche Belohnung für die Überwindung von Hindernissen, Melancholie und Sorgen. Der Schlüssel liegt darin, zu verstehen, wie Sie Ihre Motivation steigern können, indem Sie das tun, was Sie gerne tun. Ihr Leben wird erheblich von Maßnahmen profitieren, denn ohne sie existiert nichts.

- Wählen Sie ein neues Interesse oder eine neue Aktivität, an der Sie sich beteiligen möchten.
- Etwas, für das man mehr Motivation braucht.
- Es kann sich um eine Übung wie Gehen, Fahrradfahren, Tanzen oder Malen handeln.
- Egal, wie ausgelaugt oder unmotiviert Sie sind, tun Sie das täglich fünf Minuten lang.

Du hast dein ganzes Leben Zeit, um deine Ziele zu erreichen und zu deinen gewünschten Zielen zu reisen. Warum warten Sie also immer noch? Es ist an der Zeit, vorwärts zu gehen!

Aktivität 13: Wer sind diese Menschen?

Im Folgenden finden Sie eine Auswahl typischer Szenarien, die viele Teenager mit sozialen Ängsten als unglaublich beunruhigend empfinden. Spricht dich einer von ihnen an?

- ☐ Chats führen oder fortsetzen
- ☐ Auf Anfragen im Unterricht antworten
- ☐ Eine Terminanfrage stellen
- ☐ Einen Lehrer um Rat oder Hilfe bitten
- ☐ Teilnahme an Feiern und Veranstaltungen
- ☐ Erröten, Zittern, Schwitzen oder andere ängstliche Symptome
- ☐ Essen konsumieren oder in der Öffentlichkeit schreiben
- ☐ Einen Buddy bitten, an einer Versammlung teilzunehmen
- ☐ Auftritt vor Publikum

Beantworten Sie nun die folgenden Fragen:

Wer sind diese Menschen, von denen du dich ferngehalten hast? Geben Sie jeder Person einen Gruselwert zwischen 1 und 10, wobei zehn die furchterregendste ist.

_____

_____

_____

_____

Was wirst du ihnen sagen?

_____

_____

_____

_____

Aktivität 14: Setzen Sie sich ein realistisches Ziel

Ein realistisches Ziel ist eines, das Sie mit Ihren Fähigkeiten, Ihrem Zeitrahmen und Ihrer Motivation erreichen können. Doch ihr werdet diesen Zielen näher kommen, wenn ihr euch entscheidet, was sie sind.

Hast du realistische Ziele, die es wert sind, gekämpft zu werden? Wenn ja, füllen Sie diese Treppen damit. Die Kontrolle über Ihr Leben zurückzugewinnen, kann effektiv erfolgen, indem Sie sich Ihren Ängsten stellen und Ihr Verhalten ändern. Aber es braucht Arbeit.

Aktivität 15: Schätze den gegenwärtigen Moment

Der ängstliche und negative Verstand schaut immer zurück, um zu sehen, ob du irgendwelche Fehler gemacht hast. Er hält Ausschau nach Gefahren, indem er den Horizont abtastet. Das löst natürlich Ängste aus. Wir können uns von all dem lösen und echte Erleichterung empfinden, indem wir uns auf das Hier und Jetzt konzentrieren.

Gehen Sie folgendermaßen vor:

- ☐☐ Nehmen Sie sich einen Moment Zeit, um zu schätzen, wie sich das Buch in Ihren Händen anfühlt. Achten Sie auf Ihre Sitz- oder Schlafgelegenheiten.
- ☐ Werden Sie sich der aktuellen Geräusche oder der Stille im Raum bewusst.
- ☐ Jedes Mal, wenn du dir die Zähne putzt, duschst oder einen Schluck Müsli isst, kannst du üben, aufmerksam zu sein.
- ☐ Versuchen Sie, die Menschen, Bäume und Gebäude in der Nähe genau zu betrachten, während Sie die Straße entlang gehen.

Sie werden erstaunt sein, was Sie entdecken. Nimm dir einen Moment Zeit, um aufzuschreiben, was du gefühlt hast.

KAPITEL 4

DEINE WUT UND DEIN AGGRESSIVES VERHALTEN VERSTEHEN

Tom hatte eine schlechte Einstellung. Früher war er in der Schule in Konflikte verwickelt. Er hatte ein paar Freunde, die ihm ähnlich waren . Meistens haben sie nur Ärger gemacht. Tom geriet häufig in Probleme und wurde von Lehrern und dem Schulleiter scharf kritisiert. Tom war von der Saat der Aggression angesteckt worden, die mit der Zeit wuchs.

Tom verhielt sich zu Hause höflich, ruhig und respektvoll. Zumindest schien es so. Er hörte, wie sich seine Eltern die ganze Zeit laut stritten. Sein älterer Bruder erlitt viele verbale und körperliche Misshandlungen von ihrem Vater. Tom hatte ständig das Gefühl, körperlich oder verbal angegriffen zu werden. Tom regte sich häufig über seinen missbräuchlichen und grausamen Vater auf. Er mochte seine Mutter dafür, dass sie weiterhin da ist und den Missbrauch erträgt. Er hatte große Angst vor seinem Bruder. Tom fühlte sich hilflos angesichts der strengen Herrschaft ihres Vaters über den Haushalt. Tom konnte etwas von dieser Wut in der Schule rauslassen, also tat er es.

Hast du diesen Samen des Zorns?

Du wurdest nicht gezüchtet, um wütend zu sein. Niemand von uns war es. Aggression ist jedoch überall um uns herum. Wut kann wie ein Samenkorn wirken, das in uns wächst. Was uns einst aufgezwungen wurde, kann sich in uns entwickeln, ein Teil von dem, was wir sind.

Haben Sie sich jemals gefragt, warum Sie so viel um sich schlagen? Woher kommt diese Wut? Warum kannst du dich nicht zurückhalten? Stellen Sie sich einige dieser Fragen. Wut ist eine starke und ausgeklügelte Emotion. Die Wurzeln der Wut können ziemlich tief sein und sich in vielerlei Hinsicht ausdehnen. In diesem Kapitel werden einige Faktoren besprochen, die zu Wut und Aggressivität beitragen, und Sie gleichzeitig aufgefordert, die Quellen Ihrer Wut zu untersuchen.

4.1 Wut: Eine starke Emotion

Menschen haben in der Regel eher Probleme mit Ihren Handlungen als mit Ihren Gefühlen. Weil sich jeder darauf konzentriert, dich dazu zu bringen, mit dem aufzuhören, was du tust – zu streiten, zu kämpfen oder aggressives Verhalten an den Tag zu legen – scheitern so viele Techniken zur Wutbewältigung. Die Leute wären wahrscheinlich verständnisvoller, wenn sie wüssten, warum Sie etwas getan haben, aber niemand hat diese Informationen immer.

Warum scheinen Emotionen wie Zufriedenheit oder Ruhe in unserem Körper schwächer zu sein als Wut und Angst? Dies liegt daran, dass sie die Kampf-oder-Flucht-Reaktion auslösen, bei der es sich um ein Notfallalarmsystem handelt. Unser Körper bemüht sich sofort, sich zu verteidigen, wenn wir Gefahr erkennen, was uns einen Energieschub gibt. Wir entwickeln ein geschärftes Umweltbewusstsein. Unsere ausgefeilteren Gehirnprozesse schalten sich ab, wenn sich unser Körper auf Aktionen vorbereitet.

Diese Reaktion ist entscheidend, wenn unser Überleben wirklich bedroht ist. Wir müssen in bestimmten Situationen schnell handeln. Wir antworten, ohne die beste

Vorgehensweise vollständig abzuwägen. Oft wird unsere Wut von einer Emotion namens Angst überdeckt. Du kannst eine Vielzahl von Sorgen mit deiner Wut unterdrücken oder vertuschen. Selbst wenn sie deine körperliche Unversehrtheit nicht bedrohen, könnten deine mentalen Ängste deine Kampf-oder-Flucht-Reaktion behindern.

Echte Bedrohungen verhindern in der Regel, dass Kämpfe ausbrechen. Der Mensch neigt dazu, Gefahren und Risiken überall wahrzunehmen. Unsere Emotionen können von Wut und Hass dominiert werden, was zu einem Teufelskreis der Wut führt, der nur schwer zu durchbrechen ist. Von einer sich selbst erfüllenden Prophezeiung spricht man, wenn ein Muster uns dazu bringt, eine Realität zu schaffen, die widerspiegelt, wie wir uns selbst und andere Menschen wahrnehmen. Die Welt um dich herum wird gewalttätig werden, wenn deine Aufmerksamkeit darauf gerichtet ist, wütend zu sein.

4.2 Wie funktioniert Wut?

Lassen Sie uns anhand von Toms Geschichte verstehen, wie Ihre Wut funktioniert:

Negative Selbsteinschätzung sind die negativen Selbstgespräche, die wir häufig von anderen aufnehmen.

Tom glaubte, dass ihn alle hassten.

Ein äußerer Auslöser ist alles, was auftritt und unsere Reaktionen auslöst.

Ein Klassenkamerad stieß Tom während der Schule unbeabsichtigt an.

Ein innerer Auslöser ist eine starke negative emotionale Reaktion auf den Vorfall. Tom glaubte, dass er ihm einen Streich spielte.

Aufgrund eines Wutausbruchs stieß Tom einem Klassenkameraden ins Gesicht und stieß ihn in die Spinde.

Erwachsene werden wahrscheinlich mit Ablehnung, Enttäuschung und Bestrafung reagieren.

Toms Eltern schimpften mit ihm und ließen ihn von der Schule suspendieren.

Ablehnung, Angst und Vermeidung von Gleichaltrigen wirken als Reaktion.

Toms Altersgenossen mieden ihn, da sie glaubten, er sei grausam und unkontrollierbar.

Die Realität beginnt, die negative Selbstanschauung zu bestätigen und eine sich selbst erfüllende Prophezeiung zu schaffen.

Als Beweis dafür, dass ihn alle verachteten, zeigte Tom aggressives Verhalten.

Machtkonflikte

Wie oft hast du das Gefühl, dass alle hinter dir her sind? Machtkonflikte sind einer der Hauptgründe, warum Menschen wütend und aggressiv werden, und sind auch ein wesentlicher Grund, warum Kinder und ihre Eltern streiten. Macht hat viele Auswirkungen auf Fragen der Wutbewältigung.

Du fühlst dich zum Beispiel hilflos, wenn du wenig Kontrolle hast. Wenn man ein Jugendlicher ist und sein eigenes Leben gestalten möchte, können sich all diese Regeln und Vorschriften wie ein Fluch anfühlen.

Ein ständiges Gefühl der Hilflosigkeit kann Wut fördern.

Ein weiteres Beispiel für Machtmissbrauch ist die Anwendung von Gewalt, um Kontrolle über andere auszuüben. Du könntest Autorität missbrauchen, weil du dich in einem Bereich deines Lebens hilflos fühlst. Es ist ein Mittel, um mit der Person abzurechnen, die dir ein schlechtes Gewissen gemacht hat.

Aggressives Verhalten resultiert häufig aus ungesunden Machtkämpfen. Vielleicht haben dir deine Eltern oder Freunde beigebracht, dass es dir hilft, das zu bekommen, was du willst, wenn du andere in Gefahr bringst. Die Aussicht auf außer Kontrolle geratenes Verhalten, wie Gewalt oder Zusammenbrüche, kann dir helfen, deine Eltern unter Kontrolle zu halten. Aber ist das die Art von Verbindung, die Sie wollen?

Andere, darunter Lehrer und Freunde, könnten warten, bis sie nachgeben. Es kann sogar sein, dass sie sich von Ihnen fernhalten. Machtmissbrauch kann Ihnen kurzfristig Autorität über andere verschaffen. Das wird letztendlich dazu führen, dass Sie die Ermächtigung missbrauchen. Du fühlst dich nicht hilflos und missbrauchst deinen Einfluss auf andere Menschen nicht. Stattdessen besitzen Sie ein starkes Selbstvertrauen, das es Ihnen ermöglicht, Ihre Ziele zu erreichen, ohne anderen zu schaden.

4.3 Aktivitätsecke

Übung 16: Identifiziere dein Wutmuster

Denke an eine Situation, in der du wütend warst. Beantworten Sie die folgenden Fragen.

Was war der Auslöser (Ihr Problem)?

_____

_____

Ihre Gedanken:

_____

_____

Deine Gefühle:

_____

_____

Ihr Verhalten:

_____

_____

Konsequenzen:

_____

_____

Aktivität 17: Eine achtsame Handlung

Eine achtsame Handlung

Führen Sie die folgenden Schritte aus, wenn Sie bemerken, dass Sie aggressiv handeln werden. Betrachten Sie einen Umstand, der Sie wütend macht, und füllen Sie dann die Lücken mit Ihren Antworten aus.

Pause: Tun Sie es nicht

_____

_____

Sagen Sie sich: "Denken"

_____

_____

Ergreifen Sie Maßnahmen: Was an ihrer Stelle zu tun ist

_____

_____

Aktivität 18: Verbessern Sie Ihre Selbstgespräche

Verbessern Sie Ihre Selbstgespräche

Hier sind einige Vorschläge für positive Selbstgespräche. Welche du auswählst, um deine Wut zu kontrollieren, liegt ganz bei dir. Was würdest du von ihnen auswählen?

- Ich würde nicht zulassen, dass sie mich in irgendeiner Weise verletzen.
- Sie beherzigen nie meine Empfehlungen. Das ist nicht richtig, aber es ist in Ordnung, wenn sie mich nicht kriegen.
- Ich weiß, dass ich dieses Problem beheben kann. Ich kann meine Wut kontrollieren.
- Ich habe Glück.
- Ich werde wieder auferstehen.

Aktivität 19: Konfliktlösung

Die Definition von Konfliktlösung beinhaltet gegenseitige Verantwortung und "wir haben ein Problem".

Hier ist ein Beispiel dafür, was es bedeutet und wie wir Konflikte lösen können. Haben Sie aktuelle &; vorausschauende: "Vielleicht haben wir das nächste Mal..."
Das Problem scheint zu sein: "Das Problem scheint zu sein..."

"Es hört sich so an, als wären wir uns über das Problem einig", lautet die vereinbarte Frage.

Haben Sie eine Lösung für das Problem: Hören Sie zu (beobachten, anerkennen, nicht unterbrechen), schauen Sie aus und sagen Sie: "Lassen Sie mich sehen, ob ich verstehe..."

"Ich kann mir vorstellen, wie du dich so fühlen würdest", sagst du. Lassen Sie uns ein Brainstorming über alle Optionen durchführen, die verfügbar sein könnten.

"Ich würde mich freuen, wenn..." ist eine positive Präsentation. Machen Sie einen Kompromiss: "Hört sich so an, als hätten wir uns darauf geeinigt, es zu versuchen..."
"Lassen Sie mich sicherstellen, dass ich die Bedingungen verstehe, auf die wir uns geeinigt haben", sagen Sie noch einmal. "Wir haben einen guten Job gemacht", sagen Sie.
Jetzt sind Sie an der Reihe. Denken Sie an einen Konflikt, den Sie kürzlich mit jemandem hatten, und finden Sie eine Lösung.

Definition von Konflikten

_____

_____

_____

_____

Problemlösung

_____

_____

_____

_____

DIALEKTISCHE VERHALTENSTHERAPIE BEWÄLTIGUNG FÄHIGKEITEN ZUM UMGANG MIT EMOTIONEN UND AGGRESSIVEM VERHALTEN

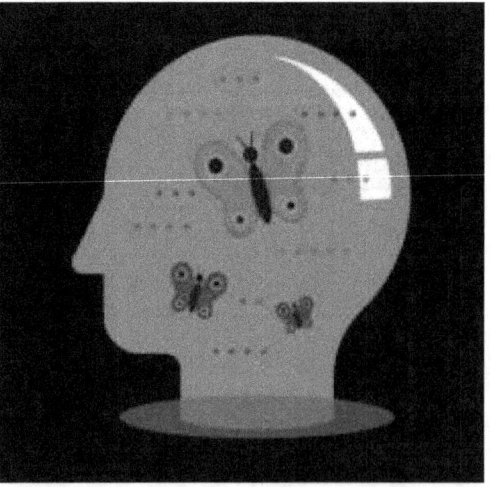

Kates Freundin lud sie zu einer Geburtstagsfeier zu sich nach Hause ein. Kate bemerkte, dass sie, als die Feier näher rückte, begonnen hatte, sich Sorgen darüber zu machen, wie die Party wohl aussehen würde. Anfangs freute sie sich, daran zu denken, dort zu sein, aber dann schweiften ihre Gedanken immer wieder zu der vorherigen Party, an der sie teilgenommen hatte, wo einige Teilnehmer sie vor ihren Freunden verspottet hatten. Kate bemerkte auch, dass sie jedes Mal, wenn sie sich an diese früheren Vorfälle erinnerte, die Wut spürte,

Verlegenheit und wieder Scham. Außerdem begann sie, sich Sorgen um die Teilnahme an der Party zu machen, da sie sich Sorgen machte, dass sie der vorherigen ähnlich sein würde.

Gelegentlich begann sie sich Sorgen zu machen, dass wieder etwas schief gehen würde und dass sie albern aussehen würde, aber sobald sie sich der Angst und der Gedanken bewusst wurde, die sie verursachten, widmete sie ihre volle Aufmerksamkeit dem, was in diesem Moment geschah. Sie bemerkte, dass sie sich ängstlich fühlte. Ihr Herz klopfte und ihre Handflächen waren verschwitzt. Dann atmete sie tief aus und konzentrierte sich wieder auf das, was geschah.

Zuerst stellte Kate fest, dass sie sich viel Mühe geben musste, aber im Laufe des Abends konnte sie sich mehr Zeit nehmen, um sich auf ihre wandernden Gedanken zu konzentrieren und einfach zu verstehen, was um sie herum passierte. Sie nutzte die Fähigkeiten der DIALEKTISCHEN VERHALTENSTHERAPIE, um ihre wandernden Gedanken in den Griff zu bekommen.

Sie können auch präsent sein und Ihre Umgebung wie Kate genießen.

5.1 Einführung in die DIALEKTISCHE VERHALTENSTHERAPIE

DIALEKTISCHE VERHALTENSTHERAPIE ist eine evidenzbasierte Therapie, die von Marsha Linehan an der University of Washington entwickelt wurde, um denjenigen zu helfen, die mit Selbstmordgedanken, intensiven emotionalen Schwankungen, Impulsivität und zwischenmenschlichem Chaos zu kämpfen hatten.

Die Unfähigkeit, Emotionen als Reaktion auf einen eingebildeten "Aufforderungsvorfall" erfolgreich zu kontrollieren und zu bewältigen, schränkt die Fähigkeit vieler Teenager ein, erheblich zu wachsen und zu heilen. Jeder interne oder externe Reiz, der eine Emotionsregulierung verursacht, wird als "auslösendes Ereignis" bezeichnet.

Das Leben eines Individuums wird bedeutungslos und voller Hoffnungslosigkeit, weil es nicht in der Lage ist, seine Emotionen zu kontrollieren. Dies führt häufig zu Störungen und führt häufig zum Abbruch sinnvoller Beziehungen, sei es privat oder beruflich. Oft wäre die Person in der Lage gewesen, ihre Emotionen erfolgreich zu steuern und zu regulieren, wenn sie in der Lage gewesen wäre, das auslösende Ereignis zu identifizieren und den Auslöser zu erkennen.

Das Hauptziel der dialektischen Verhaltenstherapie ist es, Ihnen zu helfen, eine unterstützende Atmosphäre aufzubauen, in der Sie jede emotionale Dysregulation regulieren können.

Diejenigen, die Schwierigkeiten haben, ihre Emotionen, ihren Stress, ihre Beziehungen und ihr impulsives Verhalten zu kontrollieren, können von einer dialektischen Verhaltenstherapie profitieren. Kognitive Verhaltenstherapie und Achtsamkeitsübungen werden in der dialektischen Verhaltenstherapie kombiniert. Die Therapeuten der dialektischen Verhaltenstherapie haben eine mitfühlende Haltung, akzeptieren Sie so, wie Sie sind, und unterstützen Sie dabei, Veränderungen vorzunehmen und Ihre Ziele zu erreichen.

Das grundlegende Ziel der dialektische Verhaltenstherapie THERAPIE ist es, Sie dabei zu unterstützen, ein lebenswertes Leben zu führen.

Grundlagen der dialektischen Verhaltenstherapie

Die Grundlage der dialektischen Verhaltenstherapie ist die Vorstellung, dass Gegensätze gemeinsam gedeihen können. Dazu gehört, die Umstände so zu akzeptieren, wie sie sind, unter allen Umständen mehrere Standpunkte zu berücksichtigen und ständig mit dem Bemühen um Veränderung zu jonglieren.

Sie können von den Fähigkeiten der dialektische Verhaltenstherapie profitieren, indem Sie lernen, wie Sie:

- Beschäftige dich mit Not.
- Navigieren Sie durch turbulente Situationen.
- Helfen Sie in einer Krise, ohne die Situation zu verschärfen.
- Emotionen verstehen und managen.
- Fragen Sie nach dem, was sie wollen, oder sagen Sie effektiv nein.
- Wie man im gegenwärtigen Moment ist.

Dialektische Verhaltenstherapie Kompetenzen

Hier sind die grundlegenden Fähigkeiten der dialektischen Verhaltenstherapie:

Achtsamkeit

Die Fähigkeit, die für die Erkenntnis der Realität und die Akzeptanz erforderlich ist, ist Achtsamkeit. Es hilft, auf die Gegenwart zu achten und nicht auf die Vergangenheit oder die Zukunft, und sich dessen bewusst zu sein, was in und außerhalb von dir ist, ohne über das zu urteilen, was du durchmachst.

Stress-Toleranz

Distanztoleranz ist der Grundpfeiler der dialektischen Verhaltenstherapie. Es fördert die Entwicklung der Akzeptanz der gegenwärtigen Umstände und Mechanismen des Krisenmanagements, um die Möglichkeit aggressiven Verhaltens zu verringern, was die Situation häufig verschlimmert.

Emotionale Verordnung

Zu lernen, die eigenen aktuellen Emotionen zu erkennen und zu kategorisieren, Hindernisse für emotionale Veränderungen zu erkennen und die emotionale Reaktivität zu verringern, sind nur einige der Fähigkeiten, die zur Unterstützung von Verhaltensänderungen beitragen können. Diese Fähigkeiten sollen dich weniger verletzlich machen und dich besser fühlen.

Zwischenmenschliche Effektivität

Zwischenmenschliche Effektivität ist die Sammlung von Fähigkeiten, die praktische Methoden für den Umgang mit zwischenmenschlichen Konflikten, das Nein-Sagen und das Bitten um das, was man will, vermittelt.

Die Geschichten verschiedener Köpfe

Emotional instabil zu sein oder Schwierigkeiten zu haben, deine Emotionen zu kontrollieren, führt dazu, dass du auf Dinge auf eine Weise reagierst, die die meisten anderen nicht tun würden. Es kann sein, dass du dich stärker fühlst und länger brauchst, um zu deinem gewohnten Selbst zurückzukehren. Ihre Biologie trägt zu dieser Emotionen Deregulierung bei, aber das bedeutet nicht, dass Sie sie nicht ändern können.

Ich werde Ihnen drei Denkweisen beibringen, einige Methoden, um die Achterbahn zu verlangsamen, damit Sie eine gewisse Kontrolle behalten können, und einige Lebensstil Entscheidungen.

Drei Geisteszustände

Wir alle haben drei verschiedene Denkweisen oder Geisteszustände, gemäß der dialektischen Verhaltenstherapie:

- Der vernünftige Verstand

- Der Emotion Geist

- Der weise Geist

Sie müssen den Zugang zu diesen verschiedenen Zuständen üben, um Ihre Fähigkeit zu verbessern, mit Ihren Emotionen umzugehen. Natürlich neigen Teenager, die eine emotionale Achterbahnfahrt erleben, dazu, häufiger über Dinge nachzudenken als über ihr emotionales Selbst. Wir werden jeden Geist in diesem Abschnitt untersuchen, damit Sie üben können, sich mit Ihren mentalen Zuständen vertraut zu machen.

Der vernünftige Verstand

Während du deinen rationalen Verstand benutzt, denkst du klar und logisch, obwohl du nur die Fakten des Falles in Betracht ziehst. In diesem Zustand sind Emotionen in der Regel nicht vorhanden oder, falls vorhanden, mild und haben keinen Einfluss auf Ihr Verhalten. Beispiele hierfür sind die Auswahl eines Colleges ausschließlich auf der Grundlage der angebotenen Studiengänge, der Wahrscheinlichkeit, nach dem Abschluss einen Job zu bekommen, und des Rufs der Schule, anstatt Faktoren zu berücksichtigen, wie bequem es ist, zu Hause zu besuchen, ob Sie Freunde haben, die derzeit dort eingeschrieben sind, und ob Ihnen gefällt, wie der Campus aussieht und sich anfühlt.

Zu den alltäglichen Beispielen gehört, dass du deine Hausaufgaben machst (solange du dich darauf konzentrierst und nicht so wütend auf das Rechnen bist, dass du dein Buch aus dem Fenster schleuderst!) und die Anweisungen deiner Eltern befolgst, um das Abendessen an einem Abend vorzubereiten, an dem sie beide zu spät kommen.

Wenn Sie häufig gegen Ihre besten Interessen handeln, handeln Sie wahrscheinlich nicht auf eine Weise, die Ihnen dient, und dies führt häufig zu emotionalem Unbehagen wie Wut. Wir wollen uns darauf konzentrieren, mit dieser Fähigkeit einen Mittelweg zu finden, zwischen dem ausschließlichen Hören auf Ihr Denken und nur auf Ihre Emotionen.

Der Emotion Geist

Beginnen wir mit dem, mit dem Sie am besten vertraut sind, Ihrem emotionalen Selbst. Dein Verhalten steht unter der Macht deiner Emotionen. Wenn du dich ängstlich fühlst, kannst du auch die Situation vermeiden, in der du dich so fühlst. Zum Beispiel könntest du heute den Unterricht schwänzen, um zu vermeiden, dass du die Präsentation halten musst, die du halten solltest.

Wenn du auf der Grundlage deiner Emotionen handelst, reagierst du eher, als dass du entscheidest. Wenn Sie sich in dieser Denkweise befinden, handeln Sie häufig auf eine Weise, die Sie später bereuen, z. B. wenn Sie jemanden angreifen, der Ihnen wichtig ist, oder unüberlegt handeln, mit ungünstigen langfristigen Auswirkungen.

Der weise Geist

Ihr kluger Verstand findet ein Gleichgewicht. Es zwingt Sie, diese beiden Faktoren – Ihre Emotionen und Ihre Argumentation – abzuwägen, anstatt eine binäre Entscheidung zu treffen. Es berücksichtigt auch ein drittes Element, nämlich Ihr Bauchgefühl oder Ihre Intuition. Du erlaubst dir, deine Emotionen zu erleben, und du überlegst, was die Logik dir sagt, aber du achtest auch auf die innere Stimme, die die

Vor- und Nachteile aller möglichen Ergebnisse abgewogen hat und dich berät, was auf lange Sicht am vorteilhaftesten sein wird.

Wann hat dein weiser Verstand das letzte Mal versucht, deine Aufmerksamkeit auf sich zu ziehen?

Obwohl deine Wege darauf achten, existiert es. Das, wozu dein inneres Wissen dir rät, ist nicht immer das, was für dich natürlich ist, es ist das, was letztendlich das Beste für dich, die Umstände und andere Menschen sein wird.

Ein Gleichgewicht finden

Du willst weder in dir selbst noch nur in deinem logischen Selbst sein. Dies ist ein weiterer Bereich, in dem es wichtig ist, ein Gleichgewicht in Ihrem Leben zu erreichen. Beide mentalen Zustände sind zu unterschiedlichen Zeiten vorteilhaft und notwendig. Zum Beispiel beinhaltet Ihr emotionales Selbst angenehme Emotionen wie Liebe, Freude und Aufregung, also möchten Sie diese starken Gefühle nutzen. Aber das Ziel ist es, Ihnen zu ermöglichen, bessere, gesündere Entscheidungen zu treffen, indem Sie Ihre Emotionen mit Ihrem Denken in Einklang bringen und Ihre Intuition einbringen.

5.2 Achtsamkeit

Da Achtsamkeit es Ihnen ermöglicht, sich Ihres Lebens bewusst zu werden, ist sie die grundlegende Fähigkeit in der dialektischen Verhaltenstherapie. Bevor du irgendetwas ändern kannst, musst du dir zuerst der Wahrheit darüber bewusst werden, wer du bist, wie du dich anderen gegenüber verhältst, wie deine Handlungen andere beeinflussen und wie du die Welt um dich herum beeinflusst. Mit voller Konzentration und Akzeptanz präsent zu sein, ist das, worum es bei Achtsamkeit geht.

Es besteht aus zwei Teilen: Akzeptiere alles, was du in diesem Moment findest, und konzentriere dich auf das, was du gerade tust, in dieser Minute. Sobald du anfängst, Achtsamkeit zu üben, wirst du feststellen, dass die Welt stehen bleibt und du dir deiner Gedanken, körperlichen Empfindungen und deines emotionalen Zustands bewusster wirst. Außerdem wirst du dich mehr für das Leben interessieren und dir bewusst sein, was um dich herum passiert.

Glaubst du, dass du viel über die Vergangenheit nachdenkst? Es kann etwas sein, das dir passiert ist oder in der fernen Vergangenheit. Vielleicht könnte es etwas Neueres sein – wie ein Kampf oder ein Testergebnis. Betrachten Sie für eine Sekunde die Gefühle, die typischerweise auftauchen. Zorn? Verstimmung? Frustration? Bedauern? Traurigkeit? Dein Verstand kann Gelegentlich schwelgen Sie in positiven Erinnerungen, wie z.B. der schönen Zeit oder dem Sommerurlaub, den Sie mit Ihrer Familie verbracht haben. Meistens kehren wir jedoch eher zu traurigen als zu glücklichen Erinnerungen zurück.

Du machst dir vielleicht Sorgen, ob das Mädchen, das du willst, deine Einladung zum Abschlussball annehmen wird, ob du dumm wirkst, wenn du an der großen Party an diesem Wochenende teilnimmst, und andere Dinge. Beschreibt das, wer Sie sind? Auch hier empfinden wir manchmal glückliche Gefühle, wenn wir über die Zukunft nachdenken.

Es gibt mehr emotionales Leiden, wenn man nicht anwesend ist. Die Gegenwart ist natürlich nur manchmal angenehm. Weil du dich nur damit beschäftigst und nicht gleichzeitig mit der Qual der Vergangenheit, Gegenwart und Zukunft, auch wenn es einen Schmerz in der Gegenwart gibt, gibt es immer noch weniger Schmerz, wenn du achtsamer bist.

Die andere Komponente der Achtsamkeit, die Akzeptanz, verringert ebenfalls das emotionale Leiden, das du erlebst. Aus diesem Grund macht es Sie toleranter, wenn Sie bewusster sind, was Beschwerden reduziert.

Achtsamkeit hilft bei:

- Positive Gefühle wecken
- Emotionales Leiden verringern
- Entspannt und ruhig sein
- Verbesserung der Selbstbeherrschung
- Verbesserung des Gedächtnisses
- Konzentration
- Die Balance finden

Wie man sich dessen bewusst ist in vier Schritten

Lassen Sie uns die Dinge vereinfachen, indem wir Achtsamkeit in überschaubare Schritte unterteilen, damit Sie verstehen, wie Sie Achtsamkeit auf jede Situation in Ihrem Leben anwenden können.

Wählen Sie einen Zeitvertreib

Wähle eine Aktivität, auf die du dich konzentrieren möchtest. Denken Sie daran, dass Sie jede Aktivität aufmerksam ausführen können. Wenn Sie mit Ihrem Hund spazieren gehen, können Sie nachdenklich gehen. Wenn Sie lesen möchten, können Sie sich dafür entscheiden, eine Seite langsam zu lesen.

Seien Sie achtsam

Konzentriere dich auf das, was du liest, während du in die Erzählung eintauchst. Sie können sich auf Ihre Umgebung konzentrieren, z. B. auf ein Eichhörnchen, das über die Straße oder die Bäume flitzt, oder Sie können darauf achten, wie es sich körperlich anfühlt, zu gehen, z. B. wie sich Ihre Füße auf dem Bürgersteig anfühlen.

Notiz nehmen

Ihr Verstand wird fast abschweifen, weil unser Gehirn täglich Hunderte von Gedanken produziert. Erkenne und notiere dies.

Urteilen Sie nicht.

Richten Sie Ihre Aufmerksamkeit wieder auf den gegenwärtigen Moment, ohne zu urteilen. Das impliziert, dass du dein Umherwandern oder irgendetwas anderes, das in dein Bewusstsein kommt, nicht kritisierst, wie z.B. einen bestimmten Gedanken, der dir in den Sinn kommt, oder etwas, das du mit deinen Sinnen fühlst. Beobachte alles, was dir auffällt, ohne zu urteilen.

Jetzt, da Sie wissen, wie die DIALEKTISCHE VERHALTENSTHERAPIE Ihnen helfen kann, lassen Sie uns zum unterhaltsamen Teil übergehen und einige Aktivitäten durchführen, um das Gelernte anzuwenden.

KAPITEL 6

DIALEKTISCHE VERHALTENSTHERAPIE BEWÄLTIGUNG STRATEGIEN, AKTIVITÄTEN

Die dialektische Verhaltenstherapie hilft Ihnen dabei, starke Emotionen und Verhaltensweisen zu bewältigen. Bewältigung Fähigkeiten oder Techniken, die Jugendliche anwenden können, um mit herausfordernden Emotionen und Verhaltensweisen umzugehen, sind wesentliche Fähigkeiten, die in der DIALEKTISCHEN VERHALTENSTHERAPIE gelehrt werden. In diesem Kapitel wird 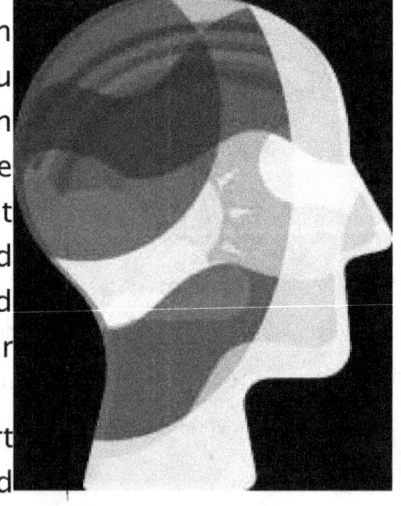 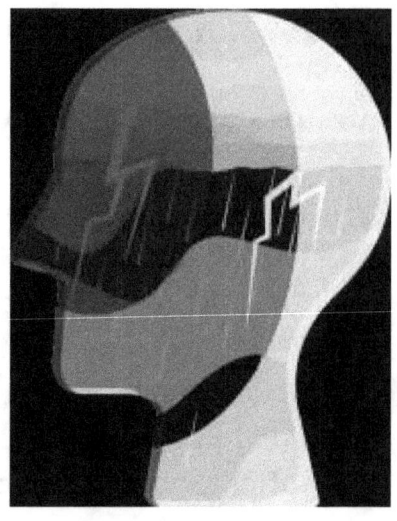 besonderes Augenmerk auf folgende Aspekte gelegt:

Bewältigungsmechanismen zur Steuerung von Emotionen, die Sie im vorherigen Kapitel kennengelernt haben, durch spannende Aktivitäten. Durch das Erlernen und Anwenden dieser Fähigkeiten können Sie Ihre Neigung verringern, sich auf gefährliche oder destruktive Weise zu verhalten.

6.1. Aktivitätsecke

Lasst uns lernen und Spaß haben.

Aktivität 20: Achtlose Gedanken identifizieren

Lesen Sie die unten aufgeführten Geschichten. Seien Sie sich bewusst, dass es nicht gesund ist, in der Vergangenheit oder Zukunft zu verharren. Es ist wahrscheinlich, dass es schmerzhaftere Gefühle hervorruft.

Sagen Sie, ob die folgenden Teenager achtsam oder unachtsam sind (d. h. nicht auf die Gegenwart fokussiert sind und möglicherweise ein Urteil über die Situation fällen). Wählen Sie den Begriff, der am genauesten ist.

1.   William war ziemlich verärgert und wütend. Er war sich sicher, dass sein Freund Toby mit jemand anderem über ihn sprach. "Ich kann nicht glauben, dass Toby diese verletzenden Dinge gesagt hat", überlegte William. Das fällt mir normalerweise ein; Ich werde nie vertrauenswürdige Freunde haben."

_____

_____

_____

2.   Sandys Freunde unterhielten sich und amüsierten sich auf einer Party. Sandy zog es vor, alleine im Wohnzimmer fernzusehen. Sie reflektierte: "Normalerweise fühle ich mich bei Veranstaltungen so unwohl, während alle anderen entspannt und bequem wirken. Was ist los mit mir? Warum kann ich mich nicht einfügen?"

_____

_____

Aktivität 21: Identifizieren Sie Ihren Denkstil

Um Ihren Denkstil zu bestimmen, aktivieren Sie die Kästchen neben den Aussagen, von denen Sie glauben, dass sie auf Sie zutreffen.

Vernünftiger Verstand

Die Fähigkeit, die für die Erkenntnis der Realität und die Akzeptanz erforderlich ist, ist Achtsamkeit. Es hilft, auf die Gegenwart zu achten und nicht auf die Vergangenheit oder die Zukunft, und sich dessen bewusst zu sein, was in und außerhalb von dir ist, ohne über das zu urteilen, was du durchmachst.

- Ich treffe oft Entscheidungen trotz meiner Gefühle. Normalerweise habe ich gute Motive hinter dem, was ich tue.
- Ich habe oft keine Ahnung, welche Emotionen ich erlebe. Ich fühle mich wohler, wenn ich über Fakten spreche als über Emotionen.

Emotion Verstand

- Ich gebe oft meinem Drang nach und sage oder tue Dinge, die ich bereue.
- Ich befinde mich häufig in stressigen Umständen, die es mir schwer machen, klar zu denken.
- Ich richte meine Entscheidungen oft ganz danach, wie ich mich fühle.
- Nachdem ich mich entschieden habe, hinterfrage ich es oft und frage mich, ob ich die richtige Wahl getroffen habe.

Weiser Verstand

- Wenn ich mich entscheide, wäge ich oft Argumente und Gefühle ab.
- Ich fühle mich oft beruhigt, wenn ich nach längerem Überlegen endlich etwas entscheide
- Ich fühle mich sicher, wenn ich meine Gefühle erlebe.
- Auf lange Sicht verhalte ich mich oft in meinem besten Interesse.
- Sie können in erster Linie in eine Kategorie fallen oder auch nicht, nachdem Sie Ihre Häkchen für jede Kategorie addiert haben. Ihr müsst anfangen, euer Bewusstsein zu erhöhen.

Welchen Verstand verwendest du?

Aktivität 22: Bist du verurteilend?

Wir können Urteile sowohl positiv als auch negativ fällen. Wir beschäftigen uns mehr mit negativen Urteilen, weil es für Sie schwieriger ist, Ihre Emotionen zu kontrollieren, also interessieren wir uns mehr für diese. Üben Sie sich jedoch darin, zu erkennen, wann Sie ein positives oder negatives Urteil fällen.

Lesen Sie die folgenden Sätze sorgfältig durch. Überprüfe den Satz, um festzustellen, ob er wertend ist.

Meine Note auf dem Zeugnis musste besser sein. Meine Leute haben eine unangenehme Angewohnheit.
Ich bin ein Versager.

Wenn ich meine Wut außer Kontrolle bringe, bin ich so frustriert über mich selbst.

Es ärgert mich dramatisch, wenn mein Bruder den Computer nicht verlässt, wenn ich ihn brauche.
Ich mag mein Mathe fach in diesem Jahr, brauche aber noch Hilfe dabei.

Ich glaube nicht, dass das Posten von Bildern in sozialen Medien sicher ist.

Aktivität 23: Brauchen Sie einige Änderungen

Überlegen Sie, welche Anpassungen Sie jetzt vornehmen möchten. Du könntest sofort mit der Umsetzung beginnen, um mehr Kontrolle über deine Gefühle zu haben.

Die Liste der Lebensaspekte, die Ihre Emotionen beeinflussen können, finden Sie unten. Beantworten Sie die Fragen in jedem Teil, um festzustellen, ob dies ein Thema ist, auf das Sie sich konzentrieren sollten.

Fangen Sie an, diese Änderungen in die Praxis umzusetzen.

Schlafen

Wie viele Stunden schlafen Sie normalerweise pro Nacht?

_____

Wachen Sie normalerweise ausgeruht auf?

_____

Fühlen Sie sich nach einem Nickerchen normalerweise müde?

_____

Wenn man sich Ihre Reaktionen ansieht, fühlen Sie sich nach dem Schlafen normalerweise benommen und träge. Glauben Sie, dass Sie Ihre Schlafzyklen verlängern oder verkürzen müssen?

Was ist ein kleiner Schritt, den Sie unternehmen können, um dies zu verbessern, wenn Sie entschieden haben, dass es verbessert werden muss?

(Sie können zum Beispiel versuchen, heute Abend 30 Minuten früher ins Bett zu gehen, um Ihren Schlaf zu verbessern.)

(Beginnen Sie mit einer halben Stunde und arbeiten Sie sich nach oben.)

Essend

Nehmen Sie jeden Tag drei Mahlzeiten und ein paar Snacks zu sich?

_____

Isst du normalerweise vollwertige Mahlzeiten und Snacks?

_____

Isst du häufig zu viel, nur weil du Lust dazu hast?

_____

Ist es aus Langeweile oder einer schrecklichen Emotion, wie Traurigkeit?

_____

Lassen Sie oft Mahlzeiten aus, um Gewicht zu reduzieren oder sich besser zu fühlen?

Gelegentlich leiden Menschen unter Essproblemen und müssen Hilfe suchen. Wenn du glaubst, dass du dich verbessern musst, sprich mit jemandem, dem du vertraust.

Was ist ein kleiner Schritt, den Sie unternehmen können, um Ihre Ernährung zu verbessern?

(Reduzieren Sie zum Beispiel Zucker und Fast Food.)

Aktivität 24: Stellen Sie sich auf die gegenüberliegende Seite

Sie können diese Aktivität nutzen, um über Situationen nachzudenken, in denen Sie Ihrem Impuls widerstanden haben, und über Fälle, in denen Sie dies nicht tun konnten. Sie können sehen, was funktioniert und was nicht, indem Sie sowohl über die Zeiten nachdenken, in denen Sie geschickt handeln konnten, als auch über die Zeiten, in denen Sie es nicht waren, und darüber, was Sie beim nächsten Mal tun könnten. Bitte beschreiben Sie die Stimmung, die Sie verspürt haben, und das entsprechende Bedürfnis. Wenn Sie dem Impuls nachgeben, wählen Sie den "Nein"-Weg. Wenn Sie darauf verzichten, dem Drang zu folgen, sollten Sie den "Ja"-Weg einschlagen.

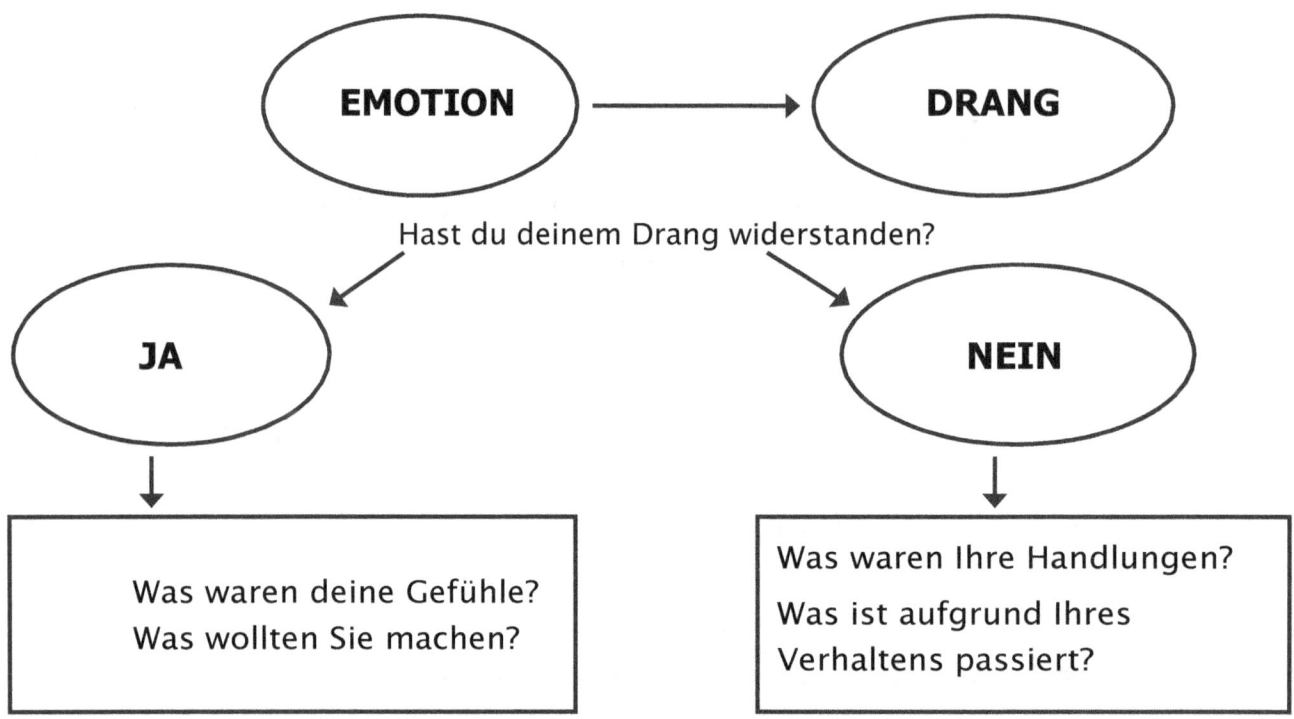

Aktivität 25: Selbstbestätigung

Mit dieser Übung wirst du mehr Erfahrung darin sammeln, deine Emotionen zu erkennen und verschiedene Möglichkeiten zu entdecken, mit dir selbst darüber zu sprechen. Im Folgenden finden Sie Beispielaussagen: Sie können bestimmte nicht wertende Dinge zu sich selbst sagen.

- o Es ist akzeptabel für mich, mich so zu fühlen. Diese menschliche Emotion ist normal.
- o Jeder erlebt das manchmal. Ich fühle mich aus einem bestimmten Grund so.
- o Es ist okay für mich, das zu fühlen.

Versuchen Sie, sich mehr Sätze in dem bereitgestellten Bereich auszudenken, um Ihnen zu helfen, über diese Gefühle auf eine nicht wertende, vernünftigere Weise nachzudenken.

_____

_____

Aktivität 26: Bereiten Sie Ihre Liste der Aktivitäten vor

Es gibt Zeiten im Leben eines jeden, in denen seine Emotionen schwerwiegend werden und er nicht weiß, wie er damit umgehen soll. Wenn dies geschieht, wollen wir häufig Dinge tun, die uns zwar vorübergehend helfen, mit unseren überwältigenden Emotionen umzugehen, uns aber letztendlich schaden. Durch diese Aktivität können Sie gesunde Bewältigungsmechanismen erlernen, die es Ihnen ermöglichen, eine Krise zu überstehen. Kreuzen Sie die Aktivitäten an, die Sie ausführen möchten, erstellen Sie Ihre eigene Liste auf einem separaten Blatt Papier, das Sie bei sich tragen können, und beziehen Sie sich darauf, um sich in Zeiten der Not abzulenken.

Ihre Liste

- o Kritzeln, malen oder Kunst machen. Untersuchen Sie die Bilder.
- o Verfassen Sie ein Gedicht oder eine Erzählung. Denke über Situationen nach, in denen du Freude empfunden hast. Tanze oder singe.
- o Schauen Sie sich frühere Jahrbücher an. Stellen Sie sich Ihre Zukunft nach dem Abschluss vor. Verbringe etwas Zeit draußen.
- o Erwähnen Sie die positiven Aspekte Ihrer Persönlichkeit. Sehen Sie sich Ihre bevorzugte Fernsehsendung oder Ihren Lieblingsfilm an.
- o Geh irgendwohin und beobachte die Leute. Schicke jemandem, den du vermisst, eine Nachricht.
- o Spielen Sie Musik zur Entspannung. Verbringe etwas Zeit mit einem Kumpel.
- o Probieren Sie eine Vielzahl von Frisuren aus.
- o Schließen Sie die Augen und reisen Sie in Gedanken an Ihren Lieblingsort. Tagebuch.
- o Spielen Sie eine Sportart, die Ihnen gefällt.

Aufgabe 27: Aufschreiben

Füllen Sie dieses Blatt aus und planen Sie, es in Krisensituationen zu befolgen.

Meine Auslöser

_____

_____

_____

Mein Warnzeichen (Wenn du die Kontrolle verlierst)

_____

_____

_____

Ich kann mich beruhigen mit

_____

_____

_____

Mein Unterstützungssystem (nennen Sie einige Menschen, denen Sie in Krisenzeiten vertrauen können)

_____

Aktivität 28: Seien Sie produktiv

Listen Sie im folgenden Feld alle Hobbys auf, von denen Sie glauben, dass sie Ihnen ein gutes Gefühl geben. Betrachten Sie als Ausgangspunkt Folgendes:

- o   Jemandem in Not helfen
- o   Erreichen einer hohen Mathenote.
- o   Die Einfahrt meines Nachbarn fegen
- o   Pünktliche Erledigung meiner Aufgaben

Wenn du Schwierigkeiten hast, dir etwas auszudenken, das dich stolz macht oder dich erreicht fühlt, versuche, positiv über dich selbst zu denken. Welchen Rat würdest du einem Kumpel geben, der versucht, Wege zu finden, um sein Selbstwertgefühl zu stärken? Denken Sie daran, dass Sie immer eine zuverlässige Person um Hilfe bitten können.

Aktivität 29: Box-Atmung

Die Box-Atmung hilft Ihnen, Ihr Nervensystem zu entspannen.

Tiefes Atmen unterstützt die Fähigkeit des Körpers, eine Vielzahl von Dingen zu tun, darunter:

- o   Entspannen Sie sich und regulieren Sie das Nervensystem.
- o   Hilf dem Körper, mit Stress umzugehen.
- o   Sorgen lindern
- o   Bringen Sie mehr Sauerstoff in den Körper.

Verwenden Sie eine Zeitleiste von 5 Sekunden auf jeder Seite der Box. Ihr Körper wird sich nach dieser Aktivität ruhig und wohl fühlen.

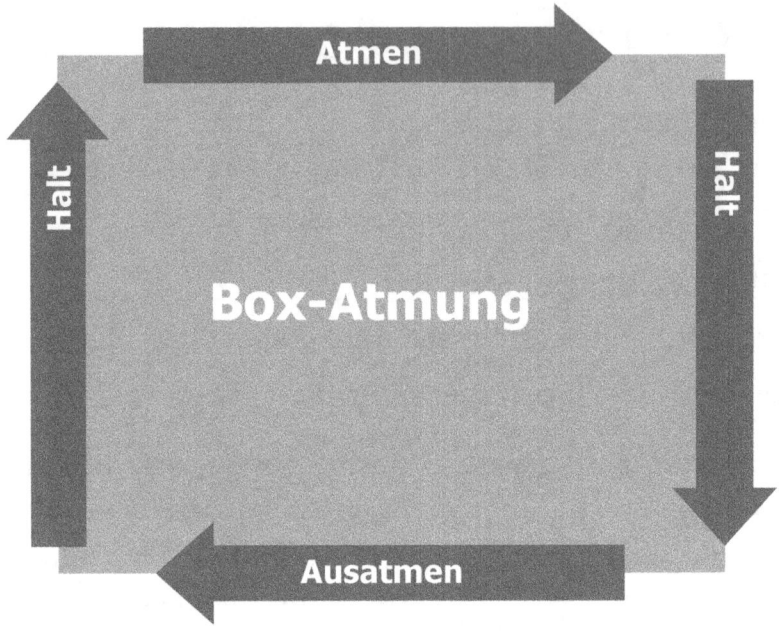

Aktivität 30: Lass sie fließen

Lassen Sie Ihren Emotionen und Gefühlen freien Lauf.

Schließen Sie die Augen, während Sie sitzen oder liegen. Stellen Sie sich vor, Sie befinden sich in einem Fluss in Ihrem Kopf. Deine Knie sind untergetaucht und ein leichter Strom streift deine Beine. Du wirst bemerken, wie deine Gedanken und Gefühle langsam an dir vorbeiziehen, während die Strömung sie stromabwärts trägt. Beobachte sie, wie sie
Vorbeigehen, anstatt zu versuchen, sich an ihnen festzuhalten oder sich in ihnen zu verfangen.

Kehren Sie zum einfachen Stehen des Flusses zurück, wenn Sie sich mit einem Konzept oder einer Emotion so sehr beschäftigen, dass Sie es reiten, anstatt es vorbeitreiben zu sehen. Konzentriere dich wieder auf die Praxis und konzentriere dich darauf, einfach nur zuzuschauen. Urteilen Sie so weit wie möglich nicht über die Ideen oder Emotionen, die kommen und gehen; ihre Existenz anerkennen.

Aktivität 31: Dein positives Tagebuch

Die Art und Weise, wie du dich fühlst, beeinflusst, wie du die Welt wahrnimmst. Glücklichere Gefühle ermöglichen es Ihnen, die wesentlichen Aspekte Ihres Lebens zu erkennen.

Wenn du depressiv bist, neigst du dazu, dich auf das Schlechte zu konzentrieren. Unabhängig davon, wie du dich fühlst, ist es das Ziel dieser Übung, diese Scheuklappen abzulegen und mehr Aufmerksamkeit auf die guten Dinge in deinem Leben zu richten.

Füllen Sie das beigefügte Arbeitsblatt für die nächsten zwei Wochen aus und notieren Sie jeden Tag mindestens eine ermutigende Entwicklung und Ihre Gefühle und Gedanken dazu. Es kann eine Empfindung sein, die du hast, etwas Nettes, das jemand tut oder zu dir sagt (oder etwas Nettes, das du tust oder zu jemand anderem sagst!), ein atemberaubender Sonnenaufgang, eine gute Note, die du in der Schule bekommst, oder ein ruhiger, entspannender Moment, den du hast, während du in der Sonne sitzt. Was auch immer es ist, was zählt, ist, dass ihr euch dessen bewusst seid, während es geschieht.

Date	Positive und glückliche	Wie hast du dich

Aufgabe 32: Anwenden des Gelernten

Wähle ein Szenario, das wahrscheinlich in der Zukunft eintreten wird, z. B. dass du gebeten wirst, etwas zu tun, was du nicht tun möchtest, oder dass du von einer Party erfährst, über die du deine Eltern noch informieren musst. Schreiben Sie es hier schriftlich:

_____

_____

Wie würdest du dich unter diesen Umständen behaupten?

_____

_____

Kehren Sie nach dieser Diskussion zu dieser Arbeitsmappe zurück. Hast du dich standhaft verhalten? Was ist dabei passiert?

_____

_____

Waren Sie mit den Ergebnissen zufrieden? Gab es Maßnahmen, die Sie hätten ergreifen können, um ein besseres Ergebnis zu erzielen?

_____

_____

KAPITEL 7

VERBESSERN SIE IHRE BEZIEHUNGEN

Als Rose und Sophia sich kennenlernten, wurde ihre Freundschaft mit der Zeit immer stärker. Doch in den kommenden Jahren bemerkte Rose eine Veränderung im Verhalten ihrer Freundin. Sophia schien sich nicht mehr so sehr um ihre Freundschaft zu kümmern wie früher, und Rose fing an, sich für ihre Freundin irrelevant zu fühlen. Sie hatten beide neue Freunde gefunden.

Rose schwieg aus Angst, Sophia zu verärgern, und ihr Schmerz wuchs. Rose fing an, sich darüber zu ärgern, wie viel Mühe sie sich gab.

Rose beschloss, Sophia eines Tages von ihrem Engagement zu entbinden, weil sie genug davon hatte, das Gefühl zu haben, ihr mehr denn je zu schulden. Rose teilte Sophia mit, dass es zwischen ihnen beendet sei und sie beide ihren Weg finden müssten. Die beiden gerieten in einen heftigen Streit. Beide sagten grausame Dinge und wurden in die schwierige Lage gebracht, Situation, in der versucht wird, inmitten der unangenehmen und angespannten Situation zusammenzuleben. Die Beziehung war zu Ende.

Ist eine eurer Beziehungen jemals auf diese Weise geendet? Anstatt Maßnahmen zu ergreifen, die zur Rettung der Verbindung beitragen könnten, lassen Menschen Beziehungen häufig enden, obwohl sie es nicht wollen. Denke daran, dass du dich um sie kümmern musst, wenn du willst, dass deine Beziehungen weitergehen. Wenn du sie ignorierst oder zulässt, dass deine Emotionen deinem Verhalten im Weg stehen, kannst du dich darauf verlassen, dass die Verbindung irgendwie endet.

Die Beziehungen, die Sie in Ihrem Leben haben – unter anderem zu Familie, Freunden, romantischen Interessen, Lehrern oder Trainern – wirken sich auch auf Ihre Stimmung und Ihre Fähigkeit aus, mit Ihren Emotionen umzugehen. Das Überleben hat zweifellos viel mit dem Erlernen von Techniken zu tun, die Ihnen dabei helfen.

Deine Umgebung hat einen großen Einfluss darauf, wie du dich fühlst, wie erfüllend und gesund deine Beziehungen sind und wie sie sich auf deine Stimmung und dein Selbstwertgefühl auswirken. Daher werden wir in diesem Kapitel die Bedeutung von Beziehungen genauer untersuchen. Sie werden gebeten, die Verbindungen zu berücksichtigen, die Sie derzeit in Ihrem Leben haben, deren Zufriedenheit und Gesundheit.

7.1 Bedeutung des Aufbaus von Beziehungen

Sie sollten viele Beziehungen haben, mit denen Sie sich wohl fühlen, wenn Sie über die privaten Dinge Ihres Lebens sprechen. Es gibt Menschen, mit denen du interagierst, aber keine privaten Angelegenheiten besprichst, aber du genießt es, Zeit mit ihnen zu verbringen.

Auf der anderen Seite gibt es einige Menschen, mit denen man seine privaten Angelegenheiten bespricht. Es gibt keine vollständige Liste; Das Ziel ist es, Sie dazu zu bringen, mehr Beziehungen zu haben.

Warum ist das so wichtig?

Wenn Sie nicht viele Freunde haben, müssen Sie sich auf die Menschen in Ihrem Leben verlassen, die Ihre Familie sind. Dieser Umstand hat das Potenzial, emotional sehr schmerzhaft zu sein. Wie rufen Sie zum Beispiel Ihren einzigen Kumpel an, um Pläne zu erstellen, aber er behauptet, er sei bereits gebucht? Und es kann sich nachteilig auf diejenigen auswirken, von denen Sie abhängig geworden sind . Wenn Sie nur von einer Person abhängig sind, werden Ihre Beziehungen nicht gesünder sein. Dein Freund kann nicht seine ganze Zeit mit dir verbringen.

Haben Sie schon einmal Momente beobachtet, in denen bestimmte Menschen anfangen, sich anders zu verhalten? Dies ist in der Regel ein Hinweis, eine Pause einzulegen.

Was macht man, wenn eine Person mit der Familie Urlaub macht? Oder krank wird? An wen wenden Sie sich, wenn jemand nicht erreichbar ist?

Bitte verstehen Sie mich: Ich behaupte nicht, dass Sie nicht unabhängig sein können und dass Sie andere Menschen brauchen, die Sie bei jeder Schwierigkeit unterstützen. Aber für uns als Menschen sind die Beziehungen zu anderen Menschen entscheidend.

Das Alleinsein wirkt sich nicht nur nachteilig auf unseren Körper, sondern auch auf unser emotionales Wohlbefinden aus.

- Haben Sie eine ausreichende Anzahl von Freunden und Familie?
- Hast du Leute, mit denen du Kontakte knüpfen und Spaß haben kannst?
- Haben Sie Beziehungen, die Sie unterstützen und auf die Sie sich verlassen können?
- Kennen Sie jemanden, mit dem Sie reden können, auch wenn Sie ihm Ihre privatesten Angelegenheiten nicht preisgeben?

Denke aus deinem weisen Selbst heraus und sprich ehrlich darüber. Wir werden darüber sprechen, wenn Sie es nicht in Ihrem Leben haben.
Aber fangen wir vorerst mit dem an, was Sie bereits haben.

Überlegen Sie, wie Sie die Beziehungen, die bereits in Ihrem Leben vorhanden sind, aufrechterhalten können. Die Pflege Ihrer Beziehungen ist entscheidend, wenn Sie einen Zusammenbruch verhindern wollen. Betrachte eine Beziehung wie ein Auto. Sie müssen sich um erhebliche Probleme kümmern, wie z. B. ein Motor klappern, wenn sie auftreten, aber die Wartung Ihres Fahrzeugs, wie z. B. der Ölwechsel und das Drehen der Reifen, kann häufig verhindern, dass sich diese wichtigeren Probleme entwickeln. Je zärtlicher du damit umgehst, desto häufiger pflegst du deine Beziehungen.

7.2 Aktivitäts-Ecke

Lassen Sie uns einige Techniken lernen, um Ihre Beziehungen zu verbessern, indem Sie einige lustige Aktivitäten durchführen.

Aktivität 33: Mit vergangenen Beziehungen in Kontakt treten

Denken Sie zuerst an die Beziehungen, die Sie einst mit Menschen hatten, die aus irgendeinem Grund nicht mehr eng mit Ihnen befreundet sind. Schreiben Sie ihre Namen:

_____

_____

Planen Sie, wie Sie diese Person bei Bedarf kontaktieren würden. Notieren Sie sich einige Ideen, wie Sie sie kontaktieren können:

_____

_____

Überlegen Sie, was Sie sagen würden, wenn Sie mit dieser Person in Kontakt treten würden. Müssen Sie zum Beispiel etwas richtigstellen, das zwischen Ihnen vorgefallen ist? Überlegen Sie, was Sie sagen würden, und schreiben Sie es dann auf:

_____

_____

Denken Sie daran, dass die Beziehung vor allem am Anfang wahrscheinlich nicht mehr dieselbe sein wird wie früher; Freundschaften brauchen Zeit, um zu wachsen, also sei geduldig.

Aktivität 34: Neue Leute kennenlernen

Kannst du dir mehrere Möglichkeiten einfallen lassen, um neue Leute kennenzulernen?
Fügen Sie Ihre Gedanken zu diesen Beispielen hinzu:
Treten Sie einem neuen Club an Ihrer Schule bei. Melden Sie sich für
Fremdsprachenkurse an.
Werde aktiv in einer lokalen Jugendorganisation. Arbeite ehrenamtlich in einem
Tierheim oder einer Tafel.
Melde dich für einen Schulsport an.

_____

_____

_____

Auf Menschen zuzugehen, kann für viele von uns unglaublich beängstigend sein. Denken Sie jedoch daran, dass Beziehungen ein wichtiger Aspekt des Lebens sind. Wenn es dich ängstlich macht, dies alleine zu tun, denke darüber nach, es mit einem Freund zu tun. Vielleicht habt ihr einen Kumpel, der etwas Ähnliches durchmacht, und ihr beide könnt euch darauf konzentrieren, eure Beziehungen zu verbessern.

Es kann auch von Vorteil sein, an die Zeit zurückzudenken, als Sie mehr Beziehungen hatten – jemanden, den Sie anrufen konnten, um über Probleme zu sprechen, Menschen, die Sie kontaktieren konnten, um abzuhängen.

Kannst du dich noch daran erinnern, wie es sich anfühlte, geliebt, von anderen akzeptiert und willkommen geheißen zu werden? Menschen sind soziale Wesen, und wir brauchen unser ganzes Leben lang Beziehungen. Daher müssen Sie Wege finden, um dieser Nachfrage gerecht zu werden.

Aktivität 35: Arbeitsblatt "Konstruktive Kommunikation"

Kommunikationsstile

Wir alle haben einen bestimmten Kommunikationsstil. Daher ist es wichtig, Ihren Kommunikationsstil zu erkennen. Zuerst müssen Sie diese Typen kennen und Ihren Stil identifizieren. Nur dann können wir es ändern?

Setzen Sie Häkchen neben die entsprechenden Fragen, da Sie der Meinung sind, dass jede Frage sich am besten ausdrückt. Wenn Sie fertig sind, summieren Sie die Anzahl der Häkchen, um festzustellen, welche Kommunikationsformen Sie in jedem Segment am häufigsten verwenden.

Passive Kommunikation

- Ich versuche, die Leute wegzustoßen, anstatt ihnen meine Gefühle auszudrücken.
- Ich habe Angst, dass die Leute wütend auf mich sein werden, wenn ich mich zu Wort melde.
- Ich ertappe mich oft dabei, wie ich sage: "Das ist mir egal" oder "Das ist mir egal ".
- Ich versuche zu schweigen, um "das Boot nicht ins Wanken zu bringen".
- Ich teile häufig ihre Meinung, aber ich versuche, niemanden zu beleidigen.

Ihre Punktzahl:

Aggressiv Kommunikation

- Mir geht es darum, meinen Willen durchzusetzen, unabhängig davon, wie sich das auf andere Menschen auswirkt.
- Ich schreie oft, fluche oder benutze andere harte verbale Ausdrücke. Meine Freunde haben ziemliche Angst vor mir.
- Einige haben gesagt, dass ich eine "Ich werde es auf meine Weise machen"-Mentalität habe.

Ihre Punktzahl:

Passiv-aggressive Kommunikation

- Ich benutze oft ätzende Sprache, wenn ich mich mit anderen Menschen unterhalte. Ich behandle Menschen oft still, wenn ich wütend auf sie bin.
- Es ist ziemlich üblich, dass ich das eine sage, während ich in Wirklichkeit etwas

78

anderes denke.

- o Normalerweise wende ich mich gewalttätigen Handlungen zu, wie dem Zuschlagen von Türen, anstatt Worte zu verwenden, um meine Gefühle auszudrücken.
- o Ich versuche, meine Ideen leiser zu kommunizieren.
- o Die Leute werden wütend auf mich oder hören auf, mich zu lieben, wenn ich mich ausdrücke.

Ihre Punktzahl:

Durchsetzungsfähige Kommunikation

- o Ich glaube fest daran, dass ich das Recht habe, meine Meinung zu äußern. Ich habe die Fähigkeit, meine Meinungsverschiedenheit mit jemandem auszudrücken.
- o Ich bin in der Lage, mich offen und ehrlich auszudrücken. Ich behandle Menschen mit Respekt, wenn ich mit ihnen spreche.
- o Ich höre genau zu, was andere zu sagen haben. Ich versuche, ihre Perspektive zu verstehen.

Wenn unsere Ziele nicht übereinstimmen, bemühe ich mich, einen Kompromiss zu finden.

Ihre Punktzahl:

Es ist wichtig, dass du deinen Stil erkennst, damit du ihn verbessern kannst.

Bitte lesen Sie die folgenden Tipps, um einen durchsetzungsfähigen Stil zu entwickeln. Es ist Ihre Zeit wert.

Hier sind einige präzise Strategien, mit denen Sie Ihre Bedenken gut kommunizieren können. Bereiten Sie Notizen zu Ihrer Leistung mit jeder Strategie in dem dafür vorgesehenen Bereich vor:

Seien Sie konkret in Bezug auf Ihre Ziele. Kommunizieren Sie offen und ehrlich?

_____

_____

Sei aufmerksam, während du zuhörst. Ignorierst du alles andere und konzentrierst dich nur darauf, mit wem du dich unterhältst?

_____

_____

Seien Sie unvoreingenommen. Versuchen Sie zu vermeiden, Urteile zu fällen, Schuldzuweisungen zu machen und Ihre Meinungen und Fakten für sich zu behalten?

_____

_____

Bejahe andere. Stellen Sie Fragen als Antwort auf das, was jemand sagt?

_____

_____

Befolgen Sie Ihre Moral und Werte, wenn Sie handeln. Versuchen Sie, ehrlich zu handeln?

_____

_____

Entschuldigen Sie sich nicht zu sehr. Erwischst du dich oft dabei, wie du dich für etwas entschuldigst?

_____

_____

7.3 Entwerfen eines Plans

Sie werden nach und nach gesündere emotionale Managementfähigkeiten entwickeln. In diesem letzten Abschnitt gebe ich Ihnen einige Vorschläge, wie Sie vorgehen können. Ihr müsst die Arbeit, die ihr begonnen habt, zu Ende bringen, um diese nützlichen Verbesserungen herbeizuführen.

Nehmen Sie sich zunächst etwas Zeit, um zu überlegen, was Sie ändern könnten, um davon zu profitieren. Zum Beispiel müssen Sie sich möglicherweise langsam durch das erneute Lesen dieses Buches arbeiten und Ihre Fähigkeiten jedes Mal weiter verbessern, während Sie fortfahren. Gelegentlich rasen die Leser durch bestimmte Informationen, ohne sich maximal anzustrengen. Das Ergebnis ist, dass sie die Informationen richtig aufnehmen müssen, um ihr Leben mit dem Wissen zu verbinden.

Wenn Sie dieses Buch zu früh lesen, kann dies auch dazu führen, dass Sie so viel lernen, dass Sie sich überfordert fühlen. Gehen Sie also Schritt für Schritt vor. Nehmen Sie sich Zeit, auch wenn das bedeutet, sich ein paar Monate lang auf eine Fertigkeit zu konzentrieren.

Sie müssen handeln, um das Thema zu verstehen und vorteilhafte und gesunde Entscheidungen zu treffen.

Das Aufschreiben eines Plans kann dabei helfen, wie bei den meisten Dingen im Leben. Sie können einige Gedanken dazu auf ein leeres Blatt Papier schreiben.

Hast du zum Beispiel vor kurzem mit einer Achtsamkeitspraxis begonnen?

Warst du dir bewusster, wann deine Emotionen oder deine weise Selbstbestimmung dich beherrscht?

Hast du versucht, effizienter mit anderen zu sprechen, um deine Bindung zu ihnen zu stärken?

Was hält Sie davon ab, die Aufgabe zu erledigen? Wissen Sie, ob diese Fähigkeiten von Vorteil sind?

Erinnern Sie sich daran, wenn solche Ideen Sie daran hindern, voranzukommen. Sie müssen Ihre Herangehensweise ändern. Versuchen Sie, einen Weg zu finden, um daran vorbeizukommen. Bitten Sie Freunde und Verwandte um Hilfe, wenn Sie es nicht alleine schaffen können. Nehmen Sie sich etwas Zeit, um die Kapitel dieses Buches durchzulesen. Konzentriere dich auf die Verbesserung der selbst Beruhigenden Aktivitäten.

Versuchen Sie, eine Fähigkeit zu finden, die für Sie eine Herausforderung darstellt. Betrachten Sie dies als den Ort, mit dem Sie beginnen sollten .

Unterstützen Sie sich selbst!

Denken Sie daran, dass die Gedanken und Worte, die Sie wählen, um Ihre Emotionen und Handlungen zu beschreiben, einen großen Einfluss haben. Achte darauf, wie du über die Anstrengungen sprichst, die du unternimmst. Wenn du ein Ziel nicht erreichst, ermutige dich selbst. Vielleicht würde sogar eine Zusammenstellung motivierender Selbstgespräche funktionieren, die Sie sich selbst laut vorlesen könnten, während Sie eine schwere Zeit haben, zum Beispiel: "Das ist schrecklich, aber wenn ich weitermache, werde ich Erfolg haben."

Hilfe suchen

Um Hilfe zu bitten, zeugt nicht von Schwäche, im Gegenteil, es erfordert Mut. Sei froh, dass du versuchst, dir selbst zu helfen, während du an sie denkst. Verbessern Sie Ihre emotionale Kontrolle. Die Aktivitäten, die in diesem Kapitel vorgestellt werden, werden denen zugute kommen, die sich gut kümmern.

Denken Sie jedoch daran, dass Sie, wenn Sie um Hilfe bitten, bereit sein müssen, die geleistete Hilfe anzunehmen – versuchen Sie also, Ihre Familie oder Freunde nicht zu verübeln und aus Ihrem sachkundigen Selbst heraus zu handeln.

Abschließende Überlegungen

Wenn Sie Schwierigkeiten haben, Ihre Emotionen zu kontrollieren, stellen Sie fest, dass sich das Leben oft überwältigend anfühlt. Sowohl Ihr Selbstwertgefühl als auch Ihre Beziehungen leiden darunter. Es kann eine Herausforderung sein, Ziele zu erreichen, in der Schule gut zu sein und klar zu denken. Das Wissen, das Sie aus diesem Buch gewonnen haben, wird Ihnen helfen, Ihre Emotionen zu regulieren.

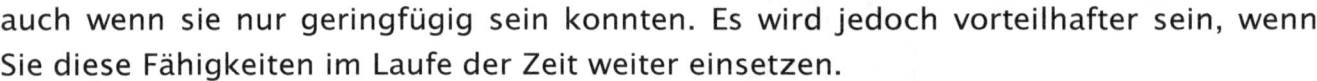

Sie haben bestimmte Erfolge bemerkt, wenn Sie sie gewissenhaft in die Tat umgesetzt haben, auch wenn sie nur geringfügig sein konnten. Es wird jedoch vorteilhafter sein, wenn Sie diese Fähigkeiten im Laufe der Zeit weiter einsetzen.

Sie werden Änderungen bemerken.

Natürlich ist es eine Herausforderung, und Sie müssen die neue Perspektive voll und ganz annehmen. Das bloße Lesen dieses Buches wird Ihnen nicht helfen, Änderungen vorzunehmen. Ihr müsst die Techniken anwenden und euch bemühen, die Art und Weise, wie ihr gelebt habt, zu ändern. Beharrlichkeit bei der Entwicklung von Fähigkeiten ist der Schlüssel.

Es braucht Zeit, um sich daran zu gewöhnen, wie du mit deinen Emotionen umgehst (oder nicht damit umgehst!). Sie müssen sich daran erinnern, dass Sie Ihr ganzes Leben lang in dieser Gewohnheit gefangen waren. Es ist möglich, dass Sie warten, um diese Änderungen vorzunehmen.

Sie sollten schließlich positive Veränderungen sehen, wenn Sie hart daran arbeiten, diese Fähigkeiten zu entwickeln. Jeder erlebt Veränderungen anders, und jeder ist anders. Wenn du dir die Mühe machst, kannst du eine glücklichere, gesündere Version von dir selbst machen. Ich hoffe, Ihr Abenteuer ist erfolgreich.